Thich Nhat Hanh

Jesus und Buddha – Ein Dialog der Liebe

HERDER spektrum

Band 6113

Das Buch

Was ist wirklich wesentlich? Die menschliche Essenz von zwei großen spirituellen Lehren ist in diesem sehr persönlichen Buch für das eigene Leben fruchtbar gemacht: Jesus und Buddha gehen einen gemeinsamen Weg. Ihnen zu begegnen, heißt, sich einlassen auf einen Dialog der Liebe. Thich Nhat Hanh zeigt: Jesus und Buddha sind einander Brüder – und sie sind es auch für uns. Sie stellen nicht vor Alternativen. Sie zeigen vielmehr, was es heißt, in der eigenen spirituellen Tradition zuhause zu sein. Zuhause, das ist da, wo ich in Berührung bin mit dem, was mich ganz macht, wo ich verwurzelt bin, wo ich mich zugehörig fühle und nicht entfremdet und einsam. In diesem Buch des großen Zen-Meisters geben Jesus und Buddha einfache, existentielle Antworten, die unser ganz konkretes Leben hier und jetzt verändern können. „Erlösung und Auferstehung sind weder bloße Worte noch Glaubensvorstellungen. Sie sind unsere alltägliche Praxis. Unsere alltägliche Praxis ist so, dass Buddha in jedem Moment unseres täglichen Lebens geboren wird und dass Christus in jedem Moment unseres täglichen Lebens geboren wird."

Ein Brückenschlag zwischen zwei großen Religionen – für Menschen, die nach der Wahrheit ihres Lebens suchen.

Der Autor

Thich Nhat Hanh, geb. 1926 in Vietnam, buddhistischer Mönch, Zen-Meister, Poet und Friedensaktivist. Lebt im südfranzösischen Plum-Village. „Thich Nhat Hanh in seiner Bescheidenheit und Frömmigkeit ist ein heiligmäßiger Mann. Aber er ist genauso ein Gelehrter von höchsten intellektuellen Fähigkeiten" (Dr. Martin Luther King jr.). Bei Herder u. a.: Das Herz von Buddhas Lehre; Lächle deinem eigenen Herzen zu; Zeiten der Achtsamkeit; Schlüssel zum Zen; Schritte der Achtsamkeit; Das Leben berühren; Das Herz des Kosmos. Die Weisheit des Lotus-Sutra; Versöhnung beginnt im Herzen.

Thich Nhat Hanh

Jesus und Buddha – Ein Dialog der Liebe

Aus dem Englischen von Irene Knauf

HERDER

FREIBURG · BASEL · WIEN

Titel der Originalausgabe:
Going Home. Jesus and Buddha as Brothers
Published by Riverhead Books

Zuerst erschienen unter dem Titel:
„Dialog der Liebe. Jesus und Buddha als Brüder“

www.herder.de

Umschlagkonzeption und -gestaltung:
Agentur R·M·E Eschlbeck / Hanel / Gober
Umschlagfoto: © Getty Images
Foto des Autors: © Picture-Alliance / Godong

Satz: DTP-Studio Helmut Quilitz, Denzlingen
Herstellung: fgb · freiburger graphische betriebe
www.fgb.de

Gedruckt auf umweltfreundlichem, chlorfrei gebleichtem Papier
Printed in Germany

ISBN 978-3-451-06113-4

INHALT

EINFÜHRUNG

Zu Beginn der letzten großen Eiszeit schufen neolithische Künstler in einem Gebiet im Südwesten von Frankreich, heute als die Dordogne bekannt, tief im Innern der Erde eine Reihe von außergewöhnlichen Werken der Malerei. Es ist denkbar, dass diese Kunstwerke die ältesten uns überlieferten Zeichen menschlichen Geistes sind. Das Land oberhalb dieser unterirdischen Kathedralen ist heute ertragreich und fruchtbar, begünstigt nicht nur durch ein einladendes Klima, einen fetten Boden und reichlich Wasser, sondern auch im Hinblick auf die Menschen, die das Land bestellen. Ihnen ist es in hohem Maße zu verdanken, dass dieses Gebiet von Frankreich – anders als viele andere Teile der Erde – heutzutage fruchtbarer ist als zu der Zeit, als der erste Homo sapiens diesen Boden vor vierzigtausend Jahren zum ersten Mal betrat.

Heute wird diese Gegend hauptsächlich landwirtschaftlich genutzt; viele Wein- und Pflaumengärten sowie Sonnenblumenfelder sind hier zu finden. Der Anbau von gutem Obst und Gemüse sowie gutes Essen gehören zum Lebensinhalt der hier wohnenden Menschen; beides ist ihnen zur Leidenschaft, ja zur Kunst geworden. Nur wenige Touristen verirren sich auf ihrer Reise durch *la belle France* in diesen entlegenen Landstrich östlich von Bordeaux, und noch weniger erkunden die schmalen Sträßchen und kleinen Dörfer wirklich. Die Bewohner dieser Gegend sind bislang noch nicht dem rasenden Tempo des modernen Großstadtlebens verfallen. Sie leben noch im Einklang mit dem natürlichen Rhythmus der Natur.

In dieser Wiege der Menschheit liegen drei kleine Gehöfte, zwei davon waren ehemals Bauernhöfe, eines eine Jugendherberge. Ein leicht schief hängendes Schild mit verblassten Schriftzügen lässt Besucher wissen, dass sie in Plum Village angekommen sind oder, auf Französisch, in *Village des Pruniers*. Auf den ersten Blick scheinen die Gebäude in Plum Village typisch zu sein für die Bauweise in dieser ländlichen Gegend. Sie sind aus Stein erbaut und haben jahrhundertelang als Bauernhäuser, Scheunen, Geräteschuppen und Kornspeicher gedient. Bei genauerem Hinschauen ist zu erkennen, dass sie heute als Küchen, Speise-, Unterrichts- und Schlafräume sowie Meditationshallen genutzt werden.

Die Wände, von denen viele einstmals verputzt waren, sind bar jeden Schmucks und zeigen unverhüllt das Gestein, den Lehm und die Erde, aus denen sie vor Jahrhunderten errichtet worden sind. Auch hier offenbart sich die Fruchtbarkeit des schweren Bodens. Die Fenster sind einfach, die Fußböden unbearbeitet, und geheizt wird oft mit Holz, das in primitiven, aus alten Tonnen gefertigten Öfen verbrannt wird.

Die ungepflasterten Wege sind gesäumt von Blumen, Bambus und Obstbäumen. Hier und da tauchen kleine Schilder auf, auf denen den Vorbeigehenden geraten wird: ‚Atme und lächle!' oder die ihnen in Erinnerung rufen: ‚Jeder Augenblick – ein wunderbarer Augenblick' oder: ‚Jeder Schritt ist Frieden'. Es sind aber nicht die ländliche Schönheit und der Charme des Ortes, die den Besucher am meisten beeindrucken – am auffallendsten ist seine tiefe Stille.

Die Stille von Plum Village ist mehr als nur die Abwesenheit von Geräuschen und Lärm. Sie ist etwas anderes. Sie ist Ausdruck eines tiefen Friedens. Die Menschen bewegen sich langsam, ihr Lächeln spiegelt Zufriedenheit, ihre Schritte sind achtsam, ihr Atem tiefer und länger. Die Landschaft selbst scheint auf irgendeine Weise milder zu sein, das Wetter freundlicher, selbst wenn es kalt ist. Im späten Dezember, wenn nur hundert Meilen westlich der atlantische Golfstrom gegen die Küste peitscht, ist es in Plum Village häufig sehr regnerisch. Die Wege weichen auf und werden schlammig, an den Schuhsohlen bleiben schwere Lehmklumpen kleben. Vor der großen Meditationshalle warten die Leute auf Einlass. Sie drängen sich unter ihren Regenschirmen zusammen und suchen nach einem trockenen Plätzchen für ihre Schuhe. An ihren Füßen backt rote Erde. Schnell betreten sie die Halle, das heißt so schnell, wie der Lebensrhythmus von Plum Village es erlaubt, und suchen sich einen Stuhl oder ein Kissen, um darauf zu sitzen.

Der Tag war kalt und feucht, aber jeder verspürt Wärme in sich. Weihnachten ist einer der größten Festtage des Jahres in Plum Village. Abgesehen vom Sommer-Retreat, übt dieser Tag die größte Anziehungskraft auf die Besucher aus. Der Tag begann morgens um halb fünf mit Meditation und Rezitation, genau wie in den nur wenige Meilen entfernt liegenden christlichen Klöstern. Hier in Plum Village wird aber nicht auf Lateinisch oder Französisch rezitiert, sondern auf Vietnamesisch.

Die Mönche und Nonnen, die sich hier versammelt haben, sind Franzosen, Thailänder, Engländer, Iren, Amerikaner, Deutsche, Südafrikaner, Vietnamesen, Japaner, vor allem aber Buddhisten. Denn obwohl dieses Land seit Jahrhunderten eine Hochburg des Christentums gewesen ist, gewährt es heute auch einem noch älteren spirituellen Pfad Raum. An diesem Tag stammen die Lieder und Rezitationstexte aus sowohl christlicher als auch buddhistischer Tradition. In der Dunkelheit des frühen Morgens wurden nicht nur, wie an jedem Tag, buddhistische Sutras rezitiert, sondern auch christliche Weihnachtslieder gesungen; die Anwesenden haben Geschenke ausgetauscht und zu Ehren von Jesus und Buddha Blumen auf den Schrein gelegt. Zum Abendessen, das gerade zu Ende gegangen ist, wurden traditionelle Weihnachtsgerichte aller hier vertretenen Nationen serviert. Lieder erklangen in Dutzenden von verschiedenen Sprachen. An diesem Tag befinden sich Priester und Nonnen verschiedener großer Klöster Irlands, Frankreichs und Italiens unter den Besuchern. Während alle ihre Plätze einnehmen – etwa die Hälfte mit gekreuzten Beinen auf Sitzkissen, so wie es in Ländern des Fernen Ostens üblich ist, die andere Hälfte auf stapelbaren Plastikstühlen –, sind zwei hoch gewachsene amerikanische Mönche dabei – der eine auf Grund seiner Aussprache unverkennbar ein Texaner –, das Feuer in dem alten, von Rissen überzogenen Ofen in Gang zu bringen.

Gleich wird Thây kommen. Thây, so wird der Ehrwürdige Thich Nhat Hanh, der Begründer von Plum Village, liebevoll genannt. Außergewöhnlich verlief das Leben des Zweiundsiebzigjährigen – in einer außergewöhnlichen Zeit. Seit seinem sechzehnten Lebensjahr ist er ein buddhistischer Mönch; er lebt das Leben eines Asketen und eines spirituell Suchenden. Er hat drei Kriege, Verfolgung und Mordanschläge überlebt und dreiunddreißig Jahre im Exil. Er ist der Meister eines Tempels in Vietnam, dessen Stammlinie sich über zweitausend Jahre und tatsächlich bis zum Buddha hin zurückverfolgen läßt. Er hat über hundert Bücher geschrieben – poetische, fiktionale und philosophische Texte –, hat Universitäten und soziale Hilfsorganisationen gegründet, Bootsflüchtlinge gerettet, die buddhistische Delegation bei den Pariser Friedensgesprächen angeführt und ist von Martin Luther King für den Friedensnobelpreis vorgeschlagen worden.

Thây hat in seinem Leben auch den Westen und seine spirituellen Traditionen kennen und lieben gelernt. Er ist einer der größten heute lebenden spirituellen Lehrer, und seine Botschaft von einem in Achtsamkeit geführten Leben hat auch das Christentum angenommen und sich zu eigen gemacht. Auf seinem Schrein steht nicht nur ein Bild vom Buddha, seinem traditionellen spirituellen Vorfahren, sondern auch von Jesus Christus. Wenn Thây durch die Tür tritt, erheben sich alle, um ihn zu begrüßen. Er schreitet ruhig, langsam und gesammelt zu dem kleinen, schlichten Podest hin, das sich nur wenige Fußbreit über den Boden erhebt. Voll Achtsamkeit legt er seinen Mantel ab und läßt sich nieder. Dann nimmt er ein vor ihm stehendes Glas mit beiden Händen hoch, führt es langsam und gesammelt zu den Lippen und trinkt ein wenig von dem warmen Tee. Nachdem er das Glas wieder abgesetzt hat, schaut er hoch und legt die Handflächen nach herkömmlicher buddhistischer Art aneinander. Er verneigt sich und spricht leise: „Ich verneige mich vor euch, euch künftig Erleuchteten."

Die versammelte Gemeinschaft erwidert den Gruß mit einer Verbeugung, und sogleich wird eine Glocke zum Erklingen gebracht. Ihr Klang ist tief und wohltuend. Die Schwingungen sind lange spürbar, bis schließlich die Person, die die Glocke angeschlagen hat, die Hand vorsichtig auf deren Rand legt und sie zum Verstummen bringt. Nach einer weiteren achtsamen Pause sagt Thây mit sehr sanfter, wohlklingender Stimme und mit leicht vietnamesischem und französischem Akzent: „Liebe Freunde, heute ist der vierundzwanzigste Dezember…“ Und alle, die seine Stimme hören, wissen, dass Thich Nhat Hanh wahrhaftig ihr guter Freund ist.

PRITAM SINGH
South Woodstock, Vermont

Kapitel eins

DIE GEBURT DES VERSTEHENS

Liebe Freunde, heute ist der 24. Dezember 1995, und wir befinden uns im Lower Hamlet von Plum Village – im Winter-Retreat.

Es gibt vieles, was uns täglich vierundzwanzig Stunden lang zur Verfügung steht. Von uns hängt es ab, ob wir darüber Freude empfinden können oder nicht. Vierundzwanzig Stunden lang am Tag steht uns beispielsweise die frische Luft zur Verfügung. Die Frage ist nur, ob wir uns die Zeit nehmen und achtsam genug sind, um sie wahrzunehmen und zu erkennen, dass frische Luft etwas Wunderbares ist. Wir können nicht behaupten, die frische Luft sei nicht vorhanden, wir hätten also keinen Grund, uns zu freuen. Die frische Luft *ist* vorhanden. Wir müssen tief in uns schauen. Dann wird uns klar, wie wichtig es ist, Zeit und Gelegenheit zu nutzen, um uns der frischen Luft bewusst zu werden und uns an ihr zu erfreuen. Eine der Voraussetzungen dafür ist unsere Achtsamkeit. Sie hilft uns, frei zu sein und Freude an dem, was ist, zu empfinden. Wo keine Achtsamkeit ist, gibt es kein wirkliches Leben. Ohne Achtsamkeit können wir den herrlichen Sonnenschein, die frische Luft, die Sterne, den Mond, die Menschen, die Tiere und die Bäume nicht wirklich erfahren.

Es gibt einen französischen Schriftsteller namens André Gide. Er hat gesagt, dass Gott uns vierundzwanzig Stunden am Tag zur Verfügung steht. Gott ist Glück. Gott ist Frieden. Warum empfinden wir angesichts Gottes keine Freude? Warum nehmen wir Glück und Frieden nicht wahr? Weil wir nicht frei sind. Weil unser Geist nicht wirklich präsent ist. Wir vermögen es nicht, mit Gott in Berührung zu kommen. Folglich können wir auch nicht glücklich sein. Deshalb müssen wir Achtsamkeit entwickeln, so dass wir frei werden, um an dem, was ist, Freude zu empfinden.

ZWEI WIRKLICHKEITEN

Es gibt zwei Ebenen von Beziehungen. Die erste Ebene betrifft die Beziehung zwischen uns und anderen Wesen. Die christliche Lehre spricht von ‚horizontaler Theologie'. Diese Art von Theologie hilft uns, das um uns herum Existierende zu erkennen und zu berühren und eine Verbindung herzustellen zu unserer Umwelt – zu Menschen, Tieren, Pflanzen und Mineralien. In unserem täglichen Leben sollten wir bemüht sein, mit diesen Gestaltungen, seien sie nun belebt oder unbelebt, in Berührung zu kommen, denn dadurch, dass wir das tun, vermögen wir Gott nahe zu kommen.

Die Berührung mit Gott wird durch eine vertikale Linie symbolisiert und ‚vertikale Theologie' genannt. Das sind die beiden Dimensionen. Gelingt es dir nicht, mit der horizontalen Dimension in Berührung zu kommen, so wirst du auch nicht in der Lage sein, die vertikale Dimension zu berühren. Es gibt eine Beziehung zwischen der horizontalen und der vertikalen Dimension. Zwischen beiden besteht ‚Intersein'. Ich bezweifle, dass du Gott lieben kannst, wenn du die Menschen, Tiere und Pflanzen nicht lieben kannst. Die Fähigkeit, Gott zu lieben, hängt ab von deiner Fähigkeit, die Menschen und andere Spezies zu lieben.

DIESES IST, WEIL JENES IST

Stellt euch ein Meer mit einer Unmenge von Wellen vor und versucht, euch mit einer dieser Wellen inmitten des Ozeans zu identifizieren. Um euch herum sind viele, viele andere Wellen. Wenn die Welle tief in sich hineinschaut, wird sie erkennen, dass ihre Existenz von der Präsenz all der anderen Wellen abhängt. Ob sie anschwillt oder zusammenfällt, ob sie groß ist oder klein, hängt ganz und gar von der Art der anderen Wellen ab. Wenn ihr tief in euch schaut, berührt ihr das Ganze, berührt ihr alles – alles, was um euch herum vorhanden ist, schafft die Voraussetzungen für eure Existenz.

In der Lehre des Buddha erfahren wir, dass ‚dieses ist, weil jenes ist', dass ‚dieses ist wie dieses, weil jenes ist wie jenes'. Das ist eine sehr einfache, zugleich aber sehr tiefe Lehre. Weil da die anderen Wellen sind, existiert auch diese Welle. Weil die anderen Wellen so und so beschaffen sind, ist diese Welle so und so beschaffen. Berührst du dich selbst, so berührst du das Ganze. Bist du imstande, dich selbst tief zu berühren und andere tief zu berühren, so berührst du die andere Dimension, die Dimension der letzten Wirklichkeit.

Eine Welle geht aus anderen Wellen hervor. Welcher Art die Beziehung zwischen der einen und den anderen Wellen ist, lässt sich anhand des Prinzips von Ursache und Wirkung ablesen. Es gibt aber noch eine andere Beziehungsebene, nämlich die Beziehung zwischen der Welle und dem Wasser. Die Welle sollte sich der Tatsache bewusst sein, dass die anderen Wellen zu ihrem Entstehen beitragen, gleichzeitig aber erkennen, dass sie auch aus Wasser besteht. Es ist sehr wichtig für sie, dass sie das Wasser berührt, den Grund ihres Seins. Sie muss erkennen, dass auch all die anderen Wellen aus Wasser bestehen.

Im Buddhismus sprechen wir von der Welt der Phänomene, d.h. der Welt der Erscheinungen *(dharmalakshana)*. Du, ich, die Bäume, die Vögel, die Eichhörnchen, der Bach, die Luft, die Sterne – alles sind Phänomene. Alle Phänomene stehen mit- und zueinander in Beziehung. Es gibt nichts, was allein aus sich selbst heraus existieren könnte. Wenn wir tief schauen, können wir erkennen, dass in der einen Erscheinung alle anderen Erscheinungen mit enthalten sind. Schaust du tief in einen Baum, so wirst du entdecken, daß ein Baum nicht nur ein Baum ist. Er ist auch ein Mensch. Er ist eine Wolke. Er ist der Sonnenschein. Er ist die Erde. In ihm sind die Tiere und die Mineralien enthalten. Wenn wir es üben, tief zu schauen, wird uns offenbar, dass sich ein Phänomen aus allen anderen Phänomenen zusammensetzt. Ein Phänomen enthält den ganzen Kosmos.

Wenn wir eine Scheibe Brot essen, so können wir das in einer Weise tun, dass wir den ganzen Kosmos tief berühren – vorausgesetzt, in uns ist Achtsamkeit, vorausgesetzt, wir haben dem Heiligen Geist in uns Raum gegeben. Eine Scheibe Brot enthält den Sonnenschein. Das zu erkennen ist nicht schwer. Ohne Sonnenschein könnte die Scheibe Brot nicht existieren. Eine Scheibe Brot enthält Wolken. Ohne Wolken, aus denen Regen fällt, könnte der Weizen, aus dem das Mehl gewonnen wird, nicht gedeihen. Wenn du also die Scheibe Brot isst, so isst du zugleich auch die Wolken und den Regen; du isst den Sonnenschein, die Mineralien, die Zeit, den Raum, du isst einfach alles.

In einem Ding sind alle anderen Dinge enthalten. Mit der Energie der Achtsamkeit und der Energie des Heiligen Geistes können wir tief schauen. Achtsamkeit ist die Energie des Buddha; der Heilige Geist ist die Energie Gottes. Beide haben sie die Kraft, uns präsent, d. h. wirklich lebendig werden zu lassen; sie bewirken tiefes Verstehen und Liebe in uns. Das ist der Grund, weshalb wir in unserem täglichen Leben achtsam sein sollten, weshalb wir dem Heiligen Geist in uns Raum geben sollten; denn nur so können wir einen jeden Augenblick tief erleben. Tun wir das nicht, so geht uns die Möglichkeit verloren, die letzte Dimension zu berühren, die Dimension des Numinosen.

Es sieht nur so aus, als wären die Welle und das Wasser etwas Verschiedenes, tatsächlich aber sind sie eins. Ohne Wasser gäbe es keine Welle, und ohne Wellen bliebe kein Wasser übrig. Es gibt zwei Ebenen und zwei Arten von Beziehungen. Wenn wir von Ursache und Wirkung sprechen, muss uns bewusst sein, von welcher Ebene aus wir sprechen. Tun wir das von der Ebene der Phänomene aus oder von der Ebene des Numinosen? Es ist außerordentlich wichtig, beide Ebenen klar auseinander zu halten.

In Asien gibt es zwei Schulen des Buddhismus, *Madhyamika* und *Dharmalakshana* genannt. Sie weisen mit Nachdruck darauf hin, dass wir das Numinose (die Ebene der wahren Natur) und die Welt der Erscheinungen nicht miteinander vermengen dürfen. Die Madhyamika-Schule lehrt Leerheit *(shunyata);* die Dharmalakshana-Schule betrachtet die phänomenalen Aspekte der Wirklichkeit. Die Dharmalakshana-Schule ermutigt uns, die Welt der sich den Sinnen zeigenden Erscheinungen zu berühren; die Madhyamika-Schule hilft uns, die Welt des Numinosen tiefer zu verstehen. Die Madhyamika-Schule lehrt uns, das Wasser zu berühren. Die Dharmalakshana-Schule hält uns dazu an, die Wellen zu berühren. Beide Schulen betonen die Notwendigkeit, die Beziehung, die zwischen einer Welle und einer anderen Welle besteht, nicht durcheinander zu bringen mit der Beziehung, die zwischen einer Welle und dem Wasser besteht. Das Numinose und das Phänomenale müssen getrennt voneinander gesehen werden. Natürlich gibt es eine Beziehung zwischen Wasser und Welle, aber diese Beziehung unterscheidet sich erheblich von der Beziehung zwischen Welle und Welle. Das zu erkennen ist außerordentlich wichtig. Wenn wir sagen, diese Welle ist aus allen anderen Wellen hervorgegangen, beziehen wir uns auf die Welt der Phänomene. Wir sprechen von Ursachen und Wirkungen hinsichtlich der Phänomene. Ganz anders aber sieht es aus, wenn wir sagen, dass eine Welle aus Wasser besteht. Indem wir diese beiden Ebenen klar auseinander halten, können wir uns eine Menge, Zeit, Tinte und Speichel sparen.

Wenn wir sagen, Gott habe die Menschheit geschaffen, haben wir die Beziehung zwischen Wasser und Welle im Sinn. Gott hat den Menschen nicht in gleicher Weise geschaffen wie etwa ein Schreiner einen Tisch. Unsere christlichen Freunde werden dem gewiss zustimmen. Gott hat den Kosmos auf völlig andere Weise geschaffen. Wir dürfen die beiden Dimensionen nicht durcheinander bringen. Wir dürfen Gott nicht als eine unter vielen anderen Erscheinungen auffassen, die in der sinnlich wahrnehmbaren Welt wirken. Es gibt viele Theologen, die das erkannt haben. Paul Tillich zum Beispiel nannte Gott ‚den Grund des Seins'. Der ‚Grund des Seins' ist der numinose Aspekt der Wirklichkeit. Gott ist kein in der Welt der Phänomene existierendes Wesen. Er oder sie ist der Grund allen Seins. Christen und Buddhisten dürften keine Schwierigkeit haben, dem zuzustimmen.

Es ist leicht, über die Welt der Phänomene zu sprechen, aber es fällt uns schwer, die Welt des Numinosen in Worte zu fassen. Unsere Begriffe und Wörter reichen nicht aus, um Gott zu beschreiben. Adjektive und Substantive, die geeignet sind, die Wellen zu beschreiben, sind auf Gott nicht anwendbar. Von einer Welle können wir sagen, dass sie hoch oder niedrig ist, groß oder klein, schön oder häßlich und dass sie einen Anfang und ein Ende hat. Aber alle diese Begriffe können auf Wasser nicht angewandt werden. Gott ist weder groß noch klein. Gott hat keinen Anfang und kein Ende. Gott ist nicht mehr oder weniger schön. Keiner dieser Begriffe, die wir gebrauchen, um die phänomenale Welt zu beschreiben, kann auf Gott angewandt werden. Es ist also sehr weise, über Gott keinerlei Aussagen zu machen. Ich halte den für den besten Theologen, der Gott niemals begrifflich zu fassen versucht.

Über Gott keine Aussagen machen zu können, bedeutet nicht, dass Gott uns nicht zur Verfügung stünde. Ich stimme mit André Gide überein, der erklärte: „Gott steht uns vierundzwanzig Stunden am Tag zur Verfügung." Die Frage ist nur, ob wir Gott täglich tatsächlich vierundzwanzig Stunden lang berühren. Vielleicht berühren wir ihn während dieser Zeit kein einziges Mal.

GOTT BERÜHREN, DAS NIRVANA BERÜHREN

In sowohl der christlichen als auch der buddhistischen Praxis ist es das Gleiche: Wenn du nicht in der Lage bist, die phänomenale Welt tief genug zu berühren, ist es außerordentlich schwierig, vielleicht sogar unmöglich, mit der numinosen Welt, dem Grund des Seins, in Berührung zu kommen. Bist du dir bewußt, dass die frische Luft da ist, und bist du in der Lage, die frische Luft tief zu berühren und darüber Freude zu empfinden, so hast du eine Chance, den *Grund* der frischen Luft zu berühren. Das ist so wie mit der Welle, die das Wasser berührt. Wenn wir uns darin üben, die Dinge auf der horizontalen Ebene tief zu berühren, entwickeln wir zugleich auch die Fähigkeit, Gott zu berühren – die numinose Ebene oder die vertikale Dimension.

Wir müssen uns der Tatsache bewusst werden, dass die Welle Wasser ist, und wir müssen erfahren, dass das Wasser der Grund der Welle ist. Die Welle leidet, wenn sie diese grundlegende Tatsache vergisst. Sie leidet, wenn sie sich mit anderen Wellen vergleicht. Sie ist zornig, eifersüchtig und voller Angst, weil sie unfähig ist, den Grund ihres Seins, das Wasser, zu berühren. Gelingt es der Welle hingegen, mit dem Wasser in tiefe Berührung zu kommen, dann wird sie ihre Angst, ihre Eifersucht und alle anderen Arten von Leiden überwinden.

Wir müssen uns täglich darin üben, mit der letzten Dimension in Berührung zu kommen. Das kann uns bereits dadurch gelingen, dass wir voll Achtsamkeit eine Tasse Tee trinken oder Gehmeditation praktizieren. Indem wir das tun und die Welt der Phänomene tief berühren, stellen wir eine Verbindung her zur numinosen Welt und erfahren Befreiung.

Im Buddhismus sprechen wir vom Nirvana. Das Nirvana mit Wörtern zu umschreiben, ist nicht möglich, denn auf der Ebene des Numinosen reichen Wörter, Begriffe und Vorstellungen nicht aus, um es zu fassen. Das Äußerste, was sich über das Nirvana aussagen läßt, ist, dass es alle Vorstellungen und Konzepte übersteigt.

Es ist unübersehbar, dass es in der Welt der Phänomene Geburt und Tod gibt. Da ist Werden und Vergehen, Sein und Nicht-Sein. Aber im Nirvana, dem mit Gott äquivalenten Grund allen Seins, gibt es keine Geburt, keinen Tod, kein Werden, kein Vergehen, kein Sein, kein Nicht-Sein. Wir müssen uns von all diesen Vorstellungen befreien.

Ist es uns möglich, das Nirvana zu berühren? Tatsache ist, dass wir das Nirvana *sind.* Vierundzwanzig Stunden am Tag ist das Nirvana für uns verfügbar. Es ist so wie mit der Welle und dem Wasser. Wir brauchen nach dem Nirvana nicht an einem anderen Ort oder in der Zukunft zu suchen. Wir *sind* es nämlich. Nirvana ist der Grund unseres Seins.

Eine Möglichkeit, mit der Welt der Geburt- und Todlosigkeit in

Berührung zu kommen, ist, die Welt der Geburt und des Todes zu berühren. Dein eigener Körper enthält das Nirvana. Deine Augen, deine Nase, deine Zunge, dein ganzer Körper und dein Geist – sie alle enthalten das Nirvana. Wenn du tief in sie hineinschaust, berührst du den Grund deines Seins. Ich bezweifle, dass du mit Gott in Berührung kommen kannst, wenn du meinst, das nur dadurch tun zu können, dass du alles in dieser Welt aufgibst. Wenn du das Nirvana suchst, indem du alles ablehnst, was in dir und außerhalb deiner selbst ist, nämlich Formen, Gefühle, Wahrnehmungen, Geistesformationen (worunter alle sich in Willensimpulsen oder Tatabsichten äußernden, auf die Wahrnehmung von Formen und Gefühlen folgenden Reaktionen zu verstehen sind, die dem Denken, Reden und Handeln vorausgehen) und Bewusstsein, dann geht dir die Möglichkeit, das Nirvana zu berühren, verloren. Würdest du die Wellen zum Verschwinden bringen, so bliebe kein Wasser übrig, das du berühren könntest.

KEINE PERSON, NICHT WENIGER ALS EINE PERSON

Der erste Grundsatz, an den wir uns zu erinnern haben, ist, dass wir klar unterscheiden müssen zwischen phänomenaler und numinoser Ebene. Wir dürfen über das Nirvana oder Gott nicht so sprechen, als gehörten sie der Welt der Phänomene an. Wenn wir die phänomenale und die numinose Ebene *nicht* durcheinander bringen, so hilft uns das, Zeit und Energie zu sparen. Machen wir uns Gedanken darüber, ob Gott eine Person oder keine Person ist, so versuchen wir, den Grund des Seins mit einer Erscheinung auf der Ebene der Phänomene zu vergleichen. Damit begehen wir einen Kardinalfehler. Warum sollten wir unsere Zeit damit vergeuden, uns den Kopf darüber zu zerbrechen, ob Gott personifiziert zu sehen ist oder nicht oder ob das Nirvana personal oder nicht-personal ist?

Teilhard de Chardin, der französische Wissenschaftler und Theologe, hat einmal gesagt, dass der Kosmos in seinem tiefsten Wesen personal und personalisierend sei und dass er sich in einem unaufhörlichen Prozess des Personalisierens, d. h. des Manifestierens in der Welt der Phänomene befinde. Teilhard de Chardin hat sich in dem Konflikt zwischen personal und nicht-personal, in einer dualistischen Art des Denkens also, verfangen. Sein Denken beruht auf der Annahme, dass da zwei verschiedene Dinge sind. Das eine ist die Person, das andere ist die Nicht-Person. Alles, was keine Person ist, ist dieser Denkweise zufolge eine Nicht-Person. Das ist dualistisches Denken. Ihm ist Teilhard de Chardin anheim gefallen. Ob Gott eine Person ist oder nicht, das ist für viele Menschen eine entscheidende Frage. Theologen und viele von uns ringen darum, die Antwort darauf zu finden. Wir könnten eine Menge Energie einsparen, würden wir erkennen, dass solches Denken uns in keiner Weise nützt, wissen wir doch, dass wir alle Vorstellungen hinter uns lassen müssen, wollen wir mit dem Grund unseres Seins in tiefe Berührung kommen.

Wenn wir fragen: „Ist Gott eine Person oder nicht?", gehen wir in die Irre. Tatsächlich ist es so, daß Gott keine Person ist, ebenso wenig aber ist er eine Nicht-Person. Ein deutscher Theologe hat das einmal zutreffend ausgedrückt: „Gott ist keine Person, aber auch nicht weniger als eine Person." Diese Aussage ähnelt der für das Zen typischen Denkweise. Warum müssen wir Gott in einer dieser zwei Vorstellungen einsperren: Person oder Nicht-Person? Müssen wir Gott wirklich in dieser Weise definieren?

In buddhistischer Sichtweise gibt es keine Grenze, die die beiden voneinander trennt. Die Person enthält die Nicht-Person, und die Nicht-Person enthält die Person. Im Christentum sind eine Menge Zeit und Energie aufgebracht worden, um der Frage nachzugehen, ob Gott eine Person ist oder nicht. Im Buddhismus hingegen ist das kein großes Problem, denn wir wissen, daß ein Mensch aus Nicht-Mensch-Elementen besteht und umgekehrt. Schaust du tief in einen Menschen, so kannst du in ihm die Nicht-Mensch-Elemente wie Tiere und

Pflanzen erkennen, und auch den Buddha siehst du bereits in ihm. Der Buddha braucht sich in deiner Wahrnehmung gar nicht zu manifestieren, damit du ihn als existent erfahren kannst. Du kannst die Zitrone schon in der Zitronenblüte erkennen.

Willst du tief in die Wirklichkeit eindringen, so musst du dich aller Vorstellungen entledigen. Von den Wellen können wir sagen, dass sie hoch oder niedrig sind, schön oder weniger schön, dass sie kommen und gehen, geboren werden oder sterben. Wir können diese Begriffe aber nicht anwenden, wenn wir vom Wasser sprechen. Warum also sollten wir so viel Zeit und Energie aufwenden, um darüber zu diskutieren, ob Gott eine Person ist oder nicht?

JENSEITS VON FORMEN

Der Dialog zwischen Buddhismus und Christentum hat, so wie ich es sehe, bisher keine weitreichenden Resultate gehabt, denn es ist uns nicht gelungen, ein solides Fundament zu errichten, auf dem der Dialog hätte aufbauen können.

Über die gegenwärtige Situation lässt sich Folgendes sagen:

Buddhisten glauben an die Wiedergeburt, an die Möglichkeit, zu verschiedenen Malen geboren zu werden. Es ist in der buddhistischen Terminologie nicht üblich, das Wort ‚Reinkarnation' zu gebrauchen; wir verwenden das Wort ‚Wiedergeburt'. Nach deinem Tod kannst du in ein neues Leben hineingeboren werden.

Im Christentum indessen ist dein Leben etwas Einmaliges, es ist deine einzige Chance, erlöst zu werden. Verdirbst du sie, so wirst du niemals Erlösung finden. Du hast nur *ein* Leben.

Der Buddhismus lehrt das Nicht-Selbst *(anatta)*.

Das Christentum hingegen lehrt klar und deutlich, dass ein Christ ein Personalist ist. Nicht nur der Mensch ist eine Person mit einem Selbst, sondern auch Gott; auch Gott hat ein Selbst.

Viele meinen, aus der Tatsache, dass der Buddhismus von der Leerheit und Substanzlosigkeit aller Phänomene spricht, dürfe man den Schluss ziehen, er lehre das Nicht-Sein. Das ist aber nicht richtig. Leerheit bedeutet nicht Nicht-Existenz, sie bedeutet Entstehen in wechselseitiger Abhängigkeit.

Das Christentum stellt das Sein, die Existenz, nicht in Frage. Die Lehre des heiligen Thomas von Aquin hat die Philosophie des Seins zum Inhalt, ‚*la philosophie de l'être*', der zufolge die Welt *ist*.

Buddhisten bemühen sich darum, allen Wesen mit Mitgefühl und liebender Güte zu begegnen. Viele Christen meinen, das sei etwas anderes als Nächstenliebe und Liebe in ihrer Religion. Christliche Nächstenliebe hat zwei Aspekte: Da ist erstens die auf Gott gerichtete Liebe und zweitens die auf die Menschen gerichtete Liebe. Die Menschen müssen lernen, ihre Feinde zu lieben. Manche unserer christlichen Freunde meinen, Christen und Buddhisten seien, was die Liebe betrifft, unterschiedlich motiviert. Es gibt Theologen, die glauben, Buddhisten würden Mitgefühl nur deshalb üben, weil sie ihre eigene Befreiung wünschen; dass sie dem Leiden anderer Menschen und Lebewesen in Wirklichkeit aber gleichgültig gegenüberstünden; dass ihre einzige Motivation ihr Wunsch nach eigener Befreiung sei. Im Christentum gründet deine Liebe in Gott. Du liebst Gott; und weil Gott gesagt hat, dass du deinen Nächsten lieben sollst, liebst du ihn auch. Deine Nächstenliebe hat ihren Grund in deiner Gottesliebe.

Viele Menschen erkennen Gemeinsamkeiten zwischen dem Christentum und dem Buddhismus. Andere aber stellen fest, dass die philosophischen Grundlagen der beiden Religionen sehr unterschiedlich sind. Der Buddhismus nämlich lehrt die Wiedergeburt, viele Leben lang. Das Christentum dagegen behauptet, dass nur dieses eine Leben dir zur Verfügung steht. Der Buddhismus lehrt, dass es kein Selbst gibt; im Christentum hingegen gibt es ein substanzielles Selbst. Der Buddhismus lehrt Leerheit, Substanzlosigkeit, während das Christentum den Tatbestand der Substanzhaftigkeit alles Bestehenden bestätigt. Bei so unterschiedlichen philosophischen Grundlagen muss das

Praktizieren von Mitgefühl und liebender Güte im Buddhismus und von Nächstenliebe und Liebe im Christentum sehr verschieden sein, behaupten viele. All das scheint mir aber eine sehr oberflächliche Betrachtungsweise zu sein. Wenn wir uns Zeit nehmen und unserer eigenen Tradition entsprechend gut und tief genug praktizieren, werden wir erkennen, dass diese Streitpunkte keine reale Basis haben.

Zunächst einmal gibt es im Buddhismus viele verschiedene Ausformungen der Lehre, und diese lassen sich in unterschiedlicher Weise verstehen. Wenn hundert Menschen Buddhismus praktizieren, kann es sein, dass dir hundert verschiedene Formen von Buddhismus begegnen. Das Gleiche trifft für das Christentum zu. Es gibt unzählige unterschiedliche Auffassungen von der christlichen Lehre, und entsprechend unterschiedlich beziehen die Menschen sie auch in ihr Leben ein.

In Plum Village, wo viele Menschen unterschiedlichen religiösen Hintergrunds zum gemeinsamen Praktizieren zusammenkommen, ist unschwer zu erkennen, daß ein Christ sich oftmals ‚buddhistischer' verhält als ein sogenannter Buddhist. Die Art, wie ein anderer Buddhist die Buddhalehre versteht und verwirklicht, kann sich von meinem Verständnis erheblich unterscheiden. Es ist sogar vorstellbar, dass die Art, wie ein Christ die christliche Lehre versteht und wie er Liebe und Nächstenliebe in die Tat umsetzt, meinem Verständnis und meinem Verhalten näher kommt als die Art und Weise, in der ein sogenannter Buddhist das tut.

Von Zeit zu Zeit hast du das Gefühl, dass Welten dich von deinem christlichen Bruder trennen und dass der Bruder, der entsprechend der buddhistischen Tradition lebt, dir viel näher ist als ein Christ. Es kann aber, wie schon gesagt, auch genau umgekehrt sein. Buddhismus ist also nicht gleich Buddhismus, und Christentum nicht gleich Christentum. Es gibt viele Ausformungen der buddhistischen Lehre und viele Arten, sie zu verstehen. Ebenso gibt es viele Möglichkeiten, die christliche Lehre auszulegen und zu verwirklichen. Lasst uns deshalb die Vorstellung aufgeben, dass das Christentum von einer bestimmten Art beschaffen und der Buddhismus ganz anders geartet sein müsse.

Das bedeutet natürlich nicht, dass der Buddhismus eine Art von Christentum und das Christentum eine Art von Buddhismus wäre. Eine Mangofrucht kann keine Apfelsine sein. Eine solche Vorstellung ist nicht akzeptabel. Eine Mango ist keine Apfelsine, es sind zwei verschiedene Früchte. Wir dürfen die Unterschiede nicht leugnen. Es ist schön, dass es Unterschiede gibt. *Vive la différence!* Wenn du aber tief in die Mango und die Apfelsine hineinschaust, wirst du dir der Tatsache bewusst, dass beides Früchte sind, obwohl sie Unterschiede aufweisen. Analysierst du die Mango und die Apfelsine gründlich genug, so wirst du die gleichen Elemente in beiden erkennen: den Sonnenschein, die Wolken, den Zucker, die Säure. Nimmst du dir genügend Zeit, um tief zu schauen, so wirst du herausfinden, dass der einzige Unterschied zwischen den beiden Früchten darin liegt, dass die verschiedenen Elemente in ihnen anteilmäßig nicht gleich verteilt sind. Zuerst fallen dir nur die Unterschiede zwischen der Apfelsine und der Mangofrucht ins Auge. Schaust du aber tiefer, so entdeckst du viele Gemeinsamkeiten. Die Apfelsine enthält Säure und Zucker, ebenso die Mango. Selbst zwei Apfelsinen schmecken nicht gleich; die eine kann sauer sein, die andere sehr süß.

TIEFES SCHAUEN: ACHTSAMKEIT UND DIE GEGENWART GOTTES

Unsere christlichen und jüdischen Freunde weisen gern darauf hin, dass wir all unsere täglichen Verrichtungen in der Gegenwart Gottes tun. Zünden wir eine Kerze an, nehmen wir unser Essen zu uns, umarmen wir unser Kind oder sprechen wir mit unserem Nachbarn, so geschieht alles, was wir tun, so, als würde Gott uns zuhören oder zuschauen, als gäbe er auf unser Tun Acht. Wir tun alles in der Gegenwart Gottes.

In christlichen und jüdischen Kreisen wird das Wort ‚Achtsamkeit' nicht gebraucht; in der buddhistischen Lehre aber hat Achtsamkeit eine hervorragende Bedeutung. Was bedeutet Achtsamkeit? Achtsamkeit bedeutet, sich jeglichen Tuns im Alltag voll bewusst zu sein. Achtsamkeit ist wie eine Art von Licht, das all unsere Gedanken, all unsere Gefühle, all unser Tun und all unsere Worte beleuchtet. Achtsamkeit ist der Buddha. Achtsamkeit ist das Äquivalent zum Heiligen Geist, der Energie Gottes.

UNBESTÄNDIGKEIT IST DIE VORAUSSETZUNG FÜR ALLES LEBEN

Lasst uns das Wesen von Unbeständigkeit, von Vergänglichkeit, betrachten. Ich glaube nicht, dass unseren christlichen Freunden die Unbeständigkeit der Dinge nicht bewusst ist. Du wirst geboren, wächst heran, und was deinen Körper, deine Gefühle, deine Wahrnehmungen, deine Geistesformationen und dein Bewusstsein betrifft, so verändern sie sich fortlaufend. Im Alter von fünf Jahren bist du anders, als du es mit zwei Jahren warst – nicht nur körperlich, sondern auch was deine Gefühle, Wahrnehmungen usw. angeht. Alles ist der Veränderung unterworfen.

Nicht nur dein Körper verändert sich, sondern auch dein Geist. Diese Beobachtung verhilft dir zur Erkenntnis, dass es kein dauerhaftes Sein gibt, das *Selbst* genannt werden könnte. Keines der fünf Elemente, die das konstituieren, was allgemein als ‚Persönlichkeit' angesehen wird, kann unverändert bestehen bleiben. Diese fünf Elemente sind: der Körper, die Gefühle, die Wahrnehmungen, die Geistesformationen und das Bewusstsein. Sie verändern sich unaufhörlich. Du behältst zwar während deines Lebens den gleichen Namen – David oder Angelina –, aber abgesehen davon veränderst du dich ständig. Allein dein Name bleibt der gleiche. Die Art, wie dein Name für andere klingt, kann sich allerdings ändern. Je liebenswürdiger ein Mensch ist, als desto angenehmer empfinden wir den Klang seines Namens.

In der Welt der Phänomene ist Unbeständigkeit eine Realität. Diese Erkenntnis wird im Osten wie auch im Westen akzeptiert. ‚Niemand kann zweimal in demselben Fluss baden' – das ist eine westliche Erkenntnis. „So fließt es unaufhörlich dahin, Tag und Nacht", sagte Konfuzius, als er einmal von einer Brücke auf das dahinströmende Wasser schaute. Das ist die gleiche Art von Erkenntnis. Wenn alles unbeständig ist, kann es kein dauerhaftes Selbst geben. So ist das Nicht-Selbst zu verstehen. Nicht-Selbst bedeutet nicht Nicht-Person oder Nicht-Existenz. Auch wenn du kein Selbst hast, bleibst du ein Mensch mit einem Körper, mit Gefühlen, Wahrnehmungen, Geistesformationen und Bewusstsein. Du bleibst ein Mensch, aber ein Mensch ohne ein eigenständiges Selbst.

Gibt es irgend etwas, was ein eigenständiges Selbst hätte? Nein! Auch der Baum, der vor der Haustür steht, hat kein eigenständiges Selbst. Ohne den Sonnenschein, ohne die Wolken, ohne die Luft, ohne die Mineralien könnte er nicht existieren. Ein Baum setzt sich zusammen aus Nicht-Baum-Elementen. Weil ein Baum aus sich allein heraus nicht existieren kann, sagen wir, er hat kein Selbst.

Lasst euch nicht durch Wörter verwirren. Lasst uns die Wirklichkeit tief berühren und alle Wörter hinter uns lassen. Menschsein ist nur möglich, weil es kein Selbst gibt. Unbeständigkeit und Nicht-Selbst sind die Voraussetzungen dafür, dass *alles* möglich ist, einschließlich des Menschseins.

Ich habe von einem Engländer gehört, der sich mit dem Buddhismus beschäftigte und sich immer wieder bei seiner Tochter über die Unbeständigkeit der Dinge beklagte. Eines Tages sagte seine Tochter: „Vater, wenn die Dinge nicht unbeständig wären, wie könnte ich dann erwachsen werden?" Das ist ein außerordentlich kluger Gedanke. Damit die Tochter heranwachsen kann, müssen die Dinge unbeständig sein, sonst würde sie ihr Leben lang zwölf Jahre alt bleiben. Unbeständigkeit ist also die Grundvoraussetzung dafür, dass Leben möglich ist. Dank der Unbeständigkeit ist alles möglich.

Auch demokratische Regierungsformen sind nicht möglich ohne

Unbeständigkeit. Der Unbeständigkeit ist es zu verdanken, dass wir hoffen können, nicht-demokratische Regime in demokratische zu verwandeln. Wenn du ein Getreidekorn in die feuchte Erde legst, hoffst du, dass sich daraus ein Pflänzchen entwickelt. Wäre nicht alles unbeständig, wie könnte dann aus dem Getreidekorn eine Pflanze werden? Würde die Pflanze nicht reifen, nicht Samen entwickeln und nicht sterben, wie wäre dann neues Getreide möglich? Entsprechendes steht auch in der Bibel. Aus diesem Grund machen Unbeständigkeit und Nicht-Selbst alles möglich, Menschsein eingeschlossen.

IN DER VORSTELLUNG VOM NICHT-SELBST VERFANGEN SEIN

Es gibt Buddhisten, die sich in der Vorstellung vom Nicht-Selbst verfangen haben. Das ist schade, denn mit seiner Lehre von der Unbeständigkeit und dem Nicht-Selbst wollte der Buddha uns helfen, alle Vorstellungen zu überwinden, also nicht nur die von einem eigenständigen Selbst, sondern auch die von einem Nicht-Selbst. Es ist dir auf deinem Übungsweg keine Hilfe, wenn du in irgendeiner dieser Vorstellungen verfangen bleibst.

Es gibt immer Menschen, die eine Doktrin, eine Idee, ein Dogma bereitwillig annehmen, wobei ihnen aber die wahre Lehre entgeht. Folgendes Beispiel mag das verdeutlichen: Ein unter einem Baum sitzender Mönch wurde von jemandem gefragt: „Ehrwürdiger, habt Ihr eine Frau vorbeigehen sehen?“ Der Mönch antwortete: „Nein, ich habe keine Frau vorbeigehen sehen. Ich habe nur ein Bündel von Knochen und Fleisch und den fünf Elementen gesehen.“

Das ist lächerlich. Dieser Mönch hatte sich in der Vorstellung vom Nicht-Selbst verfangen. Ihr könnt euch wohl vorstellen, wie enttäuscht der Buddha gewesen wäre, wenn er einen solchen Schüler oder eine solche Schülerin gehabt hätte, jemanden, der sich in seiner Lehre von der Unbeständigkeit und vom Nicht-Selbst verfangen hat. Diese Lehre will uns lediglich deutlich machen, dass alles mit allem anderen verbunden ist, dass zwischen allem ‚Intersein' besteht. Ohne dieses kann das andere nicht sein. Eine Welle geht aus allen anderen Wellen hervor. Ein Elektron hat alle anderen Elektronen zur Voraussetzung. Kernphysiker unserer Zeit fangen an, sich dieser Sprache zu bedienen.

Im sechsten Jahrhundert gab es in Indien viele Mönche und Laienanhänger, die so sehr in der Vorstellung vom Nicht-Selbst verfangen waren, dass es von Seiten derer, die die buddhistische Lehre besser verstanden, eine starke Gegenbewegung gab. Sie gründeten eine Schule, die lehrte, dass es sehr wohl ein Selbst gebe. Auf den ersten Blick scheint es, als wäre diese Lehre dem, was der Buddha lehrte, diametral entgegengesetzt, tatsächlich aber waren die Gründer dieser Schüler klüger als die anderen. Sie wurden *Pudgalavadins* (Sanskrit) genannt, Personalisten. *Pudgala* bedeutet ‚Person'.

Als der berühmte Xuan Zhuang aus China nach Indien kam, um die buddhistische Lehre kennen zu lernen, gab es mehr als 60 000 Mönche, die dieser Schule angehörten. Vielen von ihnen sagte die Vorstellung von der Existenz einer Person, eines Selbst, zu. Ich glaube, diese Mönche wären sehr geeignet, zu unseren protestantischen und katholischen Brüdern und Schwestern zu sprechen, weil ihnen klar war, dass du, auch wenn du die Lehre vom Nicht-Selbst und der Unbeständigkeit akzeptierst, als Mensch, als Person, dennoch existent bist.

Einer der Sätze, die die Pudgalavada-Mönche in einem Sutra rezitierten, lautet: „Es gibt eine Person, deren Erscheinen in der Welt vielen Wesen Gewinn bringt. Wer ist diese Person? Der *Tathagata* (der Buddha)." In buddhistischen Schriften gibt es also Sätze, in denen das Wort ‚Person' vorkommt, sogar auf den Buddha bezogen.

„GLÜCKLICHE FORTSETZUNG!“

Wiedergeburt geschieht täglich. Ist es nicht so, dass wir in jedem Augenblick unseres täglichen Lebens wiedergeboren werden? Ist es uns nicht möglich, uns in jedem Augenblick unseres Lebens zu erneuern? Haben wir nicht ständig die Chance, unser Leiden und unseren Mangel an Verständnis zu transformieren und ein neuer Mensch zu werden?

Wenn du dich darin übst, tief zu schauen, wirst du erkennen, dass die Vorstellung von Geburt und Tod überwunden werden kann.

Bedeutet Geborenwerden wirklich, unvermittelt von einem Niemand zu einem Jemand zu werden, von einem Nichts zu einem Etwas? Diese Vorstellung haben wir gewöhnlich von der Geburt. Schaust du aber tief in eine Welle, so wird dir klar, dass eine Welle nicht aus *nichts* entsteht. Nichts kann von nichts kommen. Bevor ein Baum sich als Baum manifestiert, war er etwas anderes. Er war ein Samenkorn, und davor war er Teil eines anderen Baumes. Bevor der Regen als Regen vom Himmel herabfällt, war er eine Wolke. Der Regen wurde nicht aus dem Nichts geboren, er ist nur die Transformation einer Wolke. Er ist eine Fortsetzung, eine Weiterführung. Schaust du tief in den Regen, so erkennst du in ihm die Wolke, das frühere Leben des Regens.

Es gibt keine Geburt, so lehrt es der Buddhismus. Es gibt nur Fortsetzung, Weiterführung, Umwandlung.

Vielleicht sollten wir an Geburtstagen nicht mehr sagen: „Herzlichen Glückwunsch zum Geburtstag!“, sondern: „Ich wünsche dir eine glückliche Fortsetzung!“ Du bist schon immer da gewesen, seit undenkbaren Zeiten. Du bist niemals geboren worden, und du wirst niemals sterben, weil Sterben bedeutet, aus einem Jemand plötzlich zu einem Niemand zu werden, aus einem Etwas zu einem Nichts. So ist es mit allem, was existiert. Selbst wenn du ein Stück Stoff verbrennst, wird es nicht zu nichts. Es verwandelt sich in Hitze, die in den Kosmos eindringt. Es verwandelt sich in Rauch, der zum Himmel aufsteigt, um Teil einer Wolke zu werden. Es wird zu Asche, die auf den Erdboden niederfällt und sich vielleicht morgen als Blatt, als Grashalm oder Blume manifestiert. Es gibt also nur eine Fortsetzung in anderer Gestalt.

Tiefes Schauen verhilft uns dazu, die Vorstellung von Geburt und Tod zu überwinden. Das Wort ‚Wiedergeburt' ist nicht ganz zutreffend. Ein besseres Wort wäre ‚Fortsetzung'. Jeder von uns kann Zeuge sein von der Geburt- und Todlosigkeit aller Dinge. Auch die Wissenschaft räumt ein, dass nichts geboren wird und nichts stirbt. Der französische Wissenschaftler Lavoisier sagte einmal: „Nichts wird geschaffen und nichts stirbt" *(Rien ne se crée, rien ne se perd)*. Er sagte das mit eben den gleichen Worten, wie es im *Prajnaparamita-Herz-Sutra* formuliert ist. Ich glaube nicht, dass Lavoisier das Herz-Sutra gekannt hat.

Wenn du die Welt der Phänomene tief berührst, berührst du zugleich die letzte Wirklichkeit, das Reich der Geburt- und Todlosigkeit. Du berührst das Nirvana, du berührst Gott, und täglich stehen dir vierundzwanzig Stunden zur Verfügung, um das zu tun.

Im zehnten Jahrhundert wurde der vietnamesische Zen-Lehrer Thien Hoi von einem Schüler gefragt: „Wo ist das Reich der Geburt- und Todlosigkeit zu finden?" Der Meister antwortete: „Du findest es genau hier in der Welt der Geburt und des Todes." Es ist so einfach und so klar. Wenn du tief in die Natur der Dinge schaust, in einen Baum, ein Stück Stoff oder in eine Wolke, entdeckst du die Natur der Geburt- und Todlosigkeit darin. Es ist sehr wichtig, dass wir uns genügend Zeit nehmen und die Energie der Achtsamkeit in uns entwickeln, damit wir die Dinge tief genug berühren können und erkennen, dass sie Geburt und Tod nicht unterworfen sind.

SEIN ODER NICHT-SEIN

Die Natur des Nicht-Werdens und Nicht-Vergehens ist allen Erscheinungen eigen. Die Dinge offenbaren sich, wenn die Bedingungen ausreichen, sagt der Buddha. Sie kommen nicht voraussetzungslos von irgendwoher. Sind die Bedingungen nicht länger ausreichend, so ziehen die Dinge sich zurück und entziehen sich unserer Wahrnehmung. Sie manifestieren sich dann nur nicht und bleiben nicht Objekt unserer Wahrnehmung. Es ist nicht so, dass sie an irgendeinen anderen Ort gingen. Sie gehen nirgendwohin. Sobald die Voraussetzungen gegeben sind, treten die Dinge wieder in Erscheinung. Alles hat nur mit den Bedingungen zu tun.

Wenn wir tief in die Natur der Wirklichkeit schauen, überwinden wir die Vorstellung von Werden und Vergehen, von Sein und Nicht-Sein. Wenn die Bedingungen ausreichend sind, können wir die Dinge sehen, und wir können sagen, dass sie ‚sind'. Wenn die Bedingungen nicht länger ausreichen und wir die Dinge nicht länger sehen können, gebrauchen wir den Ausdruck ‚Nicht-Sein'. Wir sagen: „Sie sind nicht." Tatsächlich aber kann die Wirklichkeit nicht mit den Begriffen ‚Sein' und ‚Nicht-Sein' beschrieben werden. Sein und Nicht-Sein sind Vorstellungen, die wir uns selbst geschaffen haben, genauso wie die Vorstellung von Geburt und Tod, von Werden und Vergehen. Wenn du den Menschen, den du liebst, nicht länger sehen kannst, bedeutet das nicht, dass er von etwas Seiendem in etwas Nicht-Seiendes übergegangen wäre. Erkennst du diese Wahrheit, so wirst du weitaus weniger leiden. Und kannst du diese Wahrheit auf dich selbst beziehen, so wirst du deine Angst vor dem Sterben, vor dem Zu-Nichts-Werden überwinden.

Stimmt es wirklich, dass der Buddhismus lehrt, das Nicht-Sein sei die Wirklichkeit von allem, was ist? Nein! Leerheit bedeutet Leerheit von einer eigenständigen und unveränderlichen Existenz, bedeutet Leerheit von allen Vorstellungen. Die Lehre von der Leerheit hilft dir, die Vorstellung von Geburt und Tod zu überwinden, die Vorstellung von Werden und Vergehen, die Vorstellung von Sein und Nicht-Sein. Es wird dir nicht gelingen, die letzte Wirklichkeit zu berühren, wenn du in der Vorstellung von Sein und Nicht-Sein verfangen bleibst. Dein Verfangensein in diesen Vorstellungen hindert dich daran, die letzte Dimension zu berühren.

Es ist also nicht korrekt zu sagen, das Christentum lehre das Sein, während der Buddhismus das Nicht-Sein lehre. Wenn du dich ein wenig eingehender mit der buddhistischen Lehre beschäftigst, wird dir klar werden, dass es darum geht, sowohl die Vorstellung vom Sein als auch die Vorstellung vom Nicht-Sein zu überwinden. Für einen Buddhisten ist ‚Sein oder Nicht-Sein' nicht die Frage. Die Frage ist, ob es dir gelingt, diese Vorstellungen zu überwinden.

DEN GRUND DES SEINS BERÜHREN

Im Christentum wie im Buddhismus, im Osten wie im Westen, haben wir die Vorstellung vom ‚All', von der ‚Letzten Wirklichkeit', vom Grund allen Seins. Unsere christlichen Freunde neigen zu der Annahme, dass Buddhisten das All oder den Grund des Seins nicht gerne personal aufgefasst wissen wollen, und dem setzen sie den größten Widerstand entgegen. Sie glauben, dass für Buddhisten das All, der Grund des Seins, nur unpersönlich verstanden werden kann. Das aber entspricht in keiner Weise der Wahrheit. Stell dir vor, du kontemplierst einen Baum, d. h., du versenkst dich mit gesammeltem Geist tief in ihn. Dabei kannst du folgende Erfahrung machen: Obwohl du verstandesmäßig weißt, dass ein Baum keine Person ist, spürst du tief im Innern, dass eure Beziehung keine Beziehung zwischen einer Person und einer Nicht-Person ist.

IM BLAUEN HIMMEL IST DENKEN

Wenn ich einen Stein berühre, berühre ich ihn niemals als etwas Unbelebtes. Der Baum ist Geist, der Stein ist Geist; die Luft, die Sterne, der Mond sind Bewusstsein, alles ist Bewusstsein. Sie sind die Objekte unseres Bewusstseins. Was willst du ausdrücken, wenn du sagst: „Der Wind weht?" Du nimmst wahr, dass der Wind weht, also sagst du: „Ich weiß, dass der Wind weht." Das ist deine persönliche Wahrnehmung. Der Wind mag zwar wehen; möglicherweise aber nimmt der Mensch neben dir das gar nicht wahr.

Zu sagen ‚Der Wind weht' ist eigentlich komisch. Der Wind kann gar nichts anderes als wehen, sonst wäre er nicht der Wind. Folglich wäre es eigentlich überhaupt nicht nötig, das Wort ‚wehen' zu gebrauchen. Du brauchtest nur ‚Wind' zu sagen. Was ist Wind? Wind ist deine Wahrnehmung, dein Bewusstsein. Entsprechend deiner Wahrnehmung ‚ist' Wind. Das Einzige, dessen du dir sicher sein kannst, ist, dass der Wind das Objekt deiner Wahrnehmung ist. Deine Wahrnehmung setzt sich zusammen aus dem Subjekt und dem Objekt, dem Wahrnehmenden und dem Wahrgenommenen. Der Wind ist Teil deines Bewusstseins. Der Wind ist das Objekt deiner Wahrnehmung.

Es kann vorkommen, dass du dir etwas ohne den geringsten Grund zum Objekt deiner Wahrnehmung machst. Du magst dir vorstellen, ein anderer Mensch habe nichts anderes im Sinn, als dir zu schaden. In Wirklichkeit aber hat er keineswegs diese Absicht.

Der Geist kreiert vielerlei. Die Dharmalakshana-Schule lehrt uns, die Dinge als Objekte unseres Bewusstseins zu sehen und nicht als etwas, was eine eigenständige, unabhängige Existenz hätte. Wenn du den blauen Himmel betrachtest und tief schaust, wirst du ihn nicht als etwas von dir Getrenntes, als etwas Unbelebtes erleben. Du wirst ihn als dein Bewusstsein wahrnehmen. Er ist auch das kollektive Bewusstsein. In Princeton gibt es eine Schule, die behauptet, dass im blauen Himmel, in der Wolke, in den Sternen *Denken* zu finden ist. Der Himmel *ist* Bewusstsein, die Wolken *sind* Bewusstsein, die Sterne *sind* Bewusstsein. Sie sind keine unbelebten Objekte außerhalb deines Bewusstseins. Übe dich darin, die Objekte deiner Wahrnehmung nicht als etwas von deiner Wahrnehmung Getrenntes zu sehen. Das große Bewusstsein manifestiert sich in allem, was ist. Alles, was ist, ist Bewusstsein. Auch Nicht-Buddhisten kommen häufig zu der gleichen Erkenntnis, wie der Buddha sie hatte.

Wenn ich einen Baum berühre, einen Vogel betrachte, über das Wasser im Fluss kontempliere, so bringe ich ihnen nicht deshalb Ehrfurcht entgegen, weil sie von Gott erschaffen sind, und auch nicht, weil sie Buddha-Natur haben. Ich verehre sie, weil sie Bäume sind, Vögel sind, Wasser sind. Ich verneige mich vor einem Felsen, weil er ein Fels ist. Ich verneige mich vor ihm nicht, weil eine geistige Kraft ihm innewohnt. Für mich ist der Fels nichts Unbelebtes. Für mich ist er in gleicher Weise Bewusstsein wie der Geist selbst.

Viele unserer christlichen Freunde zeigen sich unzufrieden, wenn die Buddhisten dieser geistigen Kraft andere Namen geben und das Wort *Gott* nicht gebrauchen. Teilhard de Chardin war bestürzt, als er Menschen den Heiligen Geist das *All* oder einfach nur *Geist* und nicht *Gott* nennen hörte. Sollten wir aber angesichts der Tatsache, dass viele Menschen Gott als etwas im phänomenalen Sinn Personales auffassen, tatsächlich das Wort *Gott* gebrauchen? Nur wenn uns bewusst ist, dass Gott keine Person ist, aber auch nicht weniger als eine Person, wie Paul Tillich es ausdrückt, dann spricht nichts dagegen, das Wort *Gott* zu gebrauchen.

Der Buddha hat verschiedene Körper, wie es in der buddhistischen Terminologie heißt. Er hat einen physischen Körper, und er hat einen Dharma-Körper. Bevor er starb, sagte er zu seinen Schülern: „Mein physischer Körper ist nicht so wichtig. Berührt meinen Dharma-Körper! Mein Dharma-Körper wird immer bei euch sein."

Was ist der Dharma? Er ist kein Sortiment von Vorschriften und Übungen, keine Sammlung von Sutras; er besteht nicht aus Videobändern oder Kassetten. Der Dharma bedeutet Verstehen, im Leben verwirklichte liebende Güte. Der Dharma offenbart sich uns nur dann, wenn wir miterleben, wie ein Mensch ihn in seinem Leben verwirklicht, zum Beispiel wie eine Nonne achtsam geht, die Erde tief berührt und Frieden und Freude ausstrahlt. Diese Nonne hält keine Predigt, sie zeigt auch kein Video. Sie selbst ist Ausdruck des lebendigen Dharma. Sie als Mensch kann dem Dharma zum Leben verhelfen. In unserem physischen Körper können wir den Dharma-Körper berühren. Der Buddha hat also einen Dharma-Körper, und solange es Menschen gibt, die nicht aufhören, dem Dharma entsprechend zu leben, wird sein Dharma-Körper erkannt und berührt werden können. All das ist nur durch das Nicht-Selbst und die Unbeständigkeit möglich.

LIEBENDER BUDDHA, LIEBENDER GOTT

Was meinen wir damit, wenn wir sagen, dass wir den Buddha lieben? Müssen wir den Buddha lieben? Hat der Buddha es nötig, von uns geliebt zu werden? Wir rufen den Buddha bei seinem Namen an, und diese Anrufung macht ihn uns in unserem Geist lebendig und bringt ihn uns in unserem täglichen Leben nahe. Hat der Buddha es aber nötig, dass wir ihn lieben, dass wir an ihn denken, dass wir ihn verherrlichen? Ich glaube nicht. Ich glaube nicht, dass der Buddha Liebe braucht. Möglicherweise lieben wir den Buddha in gleicher Weise, wie wir unsere Eltern oder unsere Lehrer lieben. Und weil er unser Lehrer ist, verehren wir ihn. Der Buddha ist unser Vorbild, er hat Mut. Er verwirklicht großes Mitgefühl und Verstehen. Er ist frei. Er leidet nicht, so wie wir es tun, weil Verstehen, Mitgefühl und liebende Güte in ihm sind. Wenn ein Mensch leidet, kann unsere Liebe sein Leiden lindern helfen. Das ist die wahre Bedeutung von Liebe. Es ist leicht einzusehen, dass Wesen, die leiden, unsere Liebe brauchen. Hängt aber unsere Rettung, unsere Befreiung davon ab, ob wir den Buddha lieben oder nicht? Wohl kaum. Wenn wir dem Buddha unsere Liebe bekunden, so tun wir das nicht um des Buddha willen.

Doch indem wir unserer Liebe zu ihm Ausdruck geben, berühren wir die heilsamen Samen in uns, die Samen von Achtsamkeit, Verstehen und Liebe, und geben ihnen Nahrung, so dass sie wachsen können und an Kraft gewinnen. Damit wächst auch unser Glück und das Glück anderer Menschen und Wesen um uns herum. Wir zünden den Weihrauch nicht dem Buddha zuliebe an. Der Buddha hat unseren Weihrauch nicht nötig. Doch indem wir den Weihrauch verbrennen, uns tief verneigen und den Buddha lobpreisen, nähren wir die heilsamen Samen in uns. Dadurch dass wir Achtsamkeit, Verstehen und Liebe in uns entwickeln, nimmt unser Leiden ab, und wir fangen an, uns glücklich zu fühlen und für unsere Mitmenschen eine Stütze zu sein.

Was meint eine Christin, wenn sie sagt, sie tue bestimmte Dinge Gott zuliebe? Wie liebt sie Gott? Liebt sie Gott in gleicher Weise, wie sie ihren Vater, ihre Mutter oder ihren Lehrer liebt? Ihr Vater, ihre Mutter oder ihr Lehrer mögen Probleme haben. Sie mögen leiden und ihrer Liebe und ihrer Unterstützung bedürfen. Ich glaube aber nicht, dass Gott diese Art von Liebe und Unterstützung braucht. Das Christentum hält uns dazu an, unseren Nächsten zu lieben. Tun wir das nicht, so können wir nicht behaupten, Gott zu lieben. Wir dürfen es aber damit nicht genug sein lassen. Wir müssen auch unsere Feinde lieben.

DIE GEBURT DES VERSTEHENS

Warum sollen wir unsere Feinde lieben? Wie können wir unsere Feinde lieben?

Die buddhistische Lehre macht das sehr klar. Ihr zufolge ist Verstehen das Fundament der Liebe. Wenn wir achtsam sind, bemerken wir, wenn ein anderer Mensch leidet. Wir werden uns seines Leidens bewusst und verspüren den Wunsch, ihn nicht länger leiden zu lassen. Wir wissen, dass sein Leiden ein Ende haben kann, wenn wir aufhören, bestimmte Dinge zu tun, und dass es Möglichkeiten gibt, ihm oder ihr Erleichterung zu verschaffen.

In dem Augenblick, wo wir anfangen, das Leiden in diesem anderen Menschen wahrzunehmen, entsteht Mitgefühl in uns, und wir betrachten diesen Menschen nicht länger als unseren Feind, sondern können ihm mit liebevollem Herzen begegnen. In dem Augenblick, wo uns deutlich wird, dass unser sogenannter Feind leidet, und der Wunsch in uns aufkommt, ihm zu helfen, hört er auf, unser Feind zu sein.

Unser Hass oder unser Zorn auf einen anderen Menschen ist darauf zurückzuführen, dass wir ihn oder seine Lebensumstände nicht verstehen. Tiefes Schauen verhilft uns dazu zu erkennen, dass wir genauso sein würden wie er, wenn wir unter den gleichen Umständen und in der gleichen Umgebung aufgewachsen wären oder leben müssten. Diese Art von Verstehen lässt unseren Zorn schwinden, setzt unserem Diskriminieren ein Ende, und plötzlich erscheint uns dieser Mensch nicht länger als unser Feind. Wir können ihn lieben. Solange er oder sie für uns ein Feind bleibt, ist Liebe unmöglich. Erst dann, wenn wir aufhören, einen Menschen als Feind zu betrachten, und anfangen, ihn zu verstehen – und das ist allein durch tiefes Schauen möglich –, können wir ihn lieben. Dieser Mensch mag uns in der Vergangenheit viel Leid zugefügt haben; wir müssen uns aber fragen, was ihn dazu gebracht hat, welche Gründe es für sein Verhalten gibt.

Wenn wir unglücklich sind, breitet sich unser Unglück rings um uns herum aus. Haben wir aber die Kunst des Verstehens und Tolerierens erlernt, so leiden wir viel weniger und erfahren mehr Glück. Betrachten wir alle Lebewesen mit mitfühlenden Augen, so hat das zur Folge, dass wir uns wunderbar fühlen. Nichts braucht verändert zu werden. Alles, was wir tun müssen, ist, mit mitfühlenden Augen zu schauen, und schon verliert unser Leiden an Stärke. Was sind mitfühlende Augen? Mit unseren Augen schauen wir. Mit unserem Herzen verstehen und lieben wir. Mitfühlende Augen sind die Augen, die schauen *und* verstehen. Wenn Verstehen in uns ist, entsteht auf ganz natürliche Weise auch Mitgefühl. Mitfühlende Augen sind die Augen, die tief schauen und tief verstehen.

DIE GEBURT DER LIEBE

Der Buddhismus lehrt, dass Verstehen das eigentliche Fundament der Liebe ist. Ist in uns kein Verstehen, so spielt es keine Rolle, wie sehr wir uns bemühen – wir werden nicht lieben können. Es ist unsinnig zu sagen: „Ich muss versuchen, ihn zu lieben." Es macht nur Sinn, diesem Menschen Verständnis entgegenzubringen, und indem wir das tun, werden wir ihn lieben. Eines hat die Lehre des Buddha mir klargemacht: Ohne Verstehen ist Liebe nicht möglich. Wenn Ehepartner einander nicht verstehen, können sie einander auch nicht lieben. Wenn Vater und Sohn einander nicht verstehen, werden sie einander leiden lassen. Verstehen ist also der Schlüssel, der uns das Tor zur Liebe öffnet.

Verstehen entwickelt sich im Verlaufe tiefen Schauens. Meditation bedeutet, tiefes Schauen zu üben, die Dinge tief zu berühren. Eine Welle muss sich der Tatsache bewusst werden, dass andere Wellen um sie herum sind. Jede Welle hat ihr eigenes Leiden. Du bist nicht der einzige Mensch, der leidet. Auch deine Brüder und Schwestern leiden. In dem Augenblick, da du das Leiden in ihnen erkennst, hörst du auf, ihnen Vorwürfe zu machen, und damit hört auch das Leiden in dir auf. Wenn du leidest und glaubst, dein Leiden sei von den Menschen verursacht, mit denen du zu tun hast, dann musst du noch einmal tief schauen. Dein Leiden entsteht zur Hauptsache aus einem Mangel an Verständnis dir selbst und anderen gegenüber.

Ich glaube nicht, dass der buddhistische Übungsweg die Entwicklung von Mitgefühl und liebender Güte anstrebt, nur damit wir uns selbst vom Leid befreien. Der Buddha verkündete die Wahrheit von der Existenz des Leidens. Wenn du das Leiden in dir und in dem anderen Menschen tief berührst, wird Verstehen aufkommen. Wenn Verstehen aufkommt, werden zugleich auch Liebe und Akzeptanz erwachsen, und sie werden dem Leiden ein Ende setzen.

Möglicherweise glaubst du, dein Leiden sei stärker als das irgendeines anderen Menschen oder du seiest der einzige Mensch, der leidet. Das ist aber nicht der Fall. Wenn du das Leiden um dich herum wahrnimmst, hilft dir das, weniger zu leiden. Mach dich von dir selbst frei, und schau dich um. Weihnachten ist eine gute Gelegenheit, das zu tun. Es ist wahr: Ich leide; aber auch du leidest. Die ganze Welt leidet.

Vor fast zweitausend Jahren wurde ein Mensch geboren, der das Leiden in sich selbst und in seinen Mitmenschen erkannte. Er versuchte nicht, davor zu flüchten. Stattdessen ging er daran, die Natur des Leidens und seine Ursachen zu ergründen. Weil er den Mut hatte, seine Einsichten öffentlich zu verkünden, wurde er für viele Generationen ihr Lehrer.

Wir können Weihnachten am besten feiern, wenn wir achtsames Gehen und achtsames Sitzen praktizieren und tief in die Dinge schauen, um uns der Tatsache bewusst zu werden, dass kein einziges Wesen – die ganze Welt nicht – vom Leiden verschont bleibt. Allein dadurch, dass wir das Leiden erkennen, befreien wir unsere Herzen von einer Last, an der wir lange Zeit schwer zu tragen hatten. Die buddhistische Lehre besagt, dass wir die Natur des Leidens verstehen werden, wenn es uns gelingt, es tief zu berühren, und dass sich dann der Weg zum Glücklichsein offenbaren wird.

Im Buddhismus wird das Nirvana als Frieden, Stabilität und Freiheit beschrieben. Wir müssen erkennen lernen, dass wir Frieden, Stabilität und Freiheit im Hier und Jetzt zur Verfügung haben, und zwar ganze vierundzwanzig Stunden am Tag. Wir müssen nur wissen, auf welche Art und Weise wir diese Qualitäten berühren können, und fest entschlossen sein, das zu tun. Es ist wie mit dem Wasser, das der Welle ständig zur Verfügung steht. Die Welle braucht das Wasser nur zu berühren und sich bewusst zu werden, dass es da ist, um sich glücklich und frei zu fühlen.

Kapitel zwei

NACH HAUSE GEHEN

Liebe Freunde, heute ist der 28. Dezember 1995, und wir befinden uns im Upper Hamlet von Plum Village.

Weihnachten und Neujahr sind Festtage, die uns die Gelegenheit geben, nach Hause zu gehen. In Asien gilt der Beginn des lunaren neuen Jahres als ein Zeitpunkt, an dem die Menschen zurückkehren zu ihrem Zuhause, zu ihren Wurzeln. Für Chinesen oder Vietnamesen versteht es sich von selbst, dass sie an diesem Tag mit ihrer Familie zusammen sind. So haben sie die Möglichkeit, einander nach einer gewissen Zeit der Trennung wiederzusehen. Während ihres Zusammenseins versuchen sie, einander ganz nahe zu sein und die Verbindung zu ihren Vorfahren aufzunehmen. Am Neujahrstag möchte jeder nach Hause zurückkehren und Kontakt aufnehmen zu seinen Vorfahren.

UNSER WAHRES ZUHAUSE

Es gibt die Übung, dem Klang einer Glocke voll Achtsamkeit zu lauschen. Wir in Plum Village haben der Glocke deshalb den Namen ‚Glocke der Achtsamkeit' gegeben. Während wir einatmen, richten wir unsere Achtsamkeit allein auf ihren Klang und sagen uns: „Höre, höre!" Dann atmen wir aus und sagen: „Der wunderbare Klang dieser Glocke bringt mich zurück zu meinem wahren Zuhause." Unser wahres Zuhause ist ein Ort, nach dem wir alle uns sehnen und zu dem wir alle zurückkehren wollen. Manche von uns haben das Gefühl, nicht wirklich ein Zuhause zu haben.

Was bedeutet ‚wahres Zuhause‘? Wir haben kürzlich über Wellen und Wasser gesprochen. Hat eine Welle ein Zuhause? Wenn eine Welle tief in sich hineinschaut, wird sie sich der Tatsache bewusst werden, dass viele andere Wellen um sie herum sind. Wenn wir achtsam sind und jeden Augenblick des Tages bewusst erleben, erkennen wir, dass alles, was um uns herum existiert, unser Zuhause ist. Ist es nicht wahr, dass die Luft, die wir atmen, unser Zuhause ist? Stimmt es nicht, dass der blaue Himmel, die Flüsse, die Berge, unsere Mitmenschen, die Bäume und die Tiere alle unser Zuhause sind? Eine Welle, die tief in ihr Inneres schaut, wird erkennen, dass alle anderen Wellen zu ihrer Existenz beigetragen haben und noch beitragen, und wird sich nicht länger isoliert und von allem und allen anderen abgeschnitten fühlen. Sie wird in der Lage sein zu erkennen, dass die anderen Wellen auch ihre Heimat sind. Wenn ihr Gehmeditation praktiziert, so geht auf eine Weise, die es euch möglich macht, euer Zuhause zu erkennen, euer Zuhause im Hier und im Jetzt. Seht die Bäume als euer Zuhause an, die Luft, den blauen Himmel, die Erde, auf die ihr eure Füße setzt. All das kann nur im Hier und Jetzt geschehen.

Zuweilen überkommt uns ein Gefühl des Fremdseins. Wir fühlen uns einsam und verlassen, so als ob wir von allem abgeschnitten wären. Wir irren herum und bemühen uns nach Kräften, unser wahres Zuhause zu finden, aber es gelingt uns nicht. Tatsächlich aber haben wir alle ein Zuhause, und dieses zu finden, müssen wir üben.

Es ist merkwürdig. In meiner Heimat spricht der Ehemann von seiner Ehefrau als von seinem ‚Zuhause‘. In gleicher Weise nennt auch die Ehefrau ihren Ehemann ihr ‚Zuhause‘. Wenn sie mit jemandem spricht, ist es vorstellbar, dass sie sagt: „Mein Zuhause hat erklärt…“ oder: „Mein Zuhause ist im Moment nicht da.“ Das ist wohl Ausdruck eines ganz bestimmten Lebensgefühls.

Wenn wir von unserem ‚home sweet home‘ sprechen, wo ist es zu finden? Durch tiefes Schauen erfahren wir, dass unser wahres Zuhause überall ist. Tiefes Schauen läßt uns erfahren, dass die Vögel unser Zuhause sind und dass der blaue Himmel unser Zuhause ist. Es mag den Anschein haben, als wäre diese Erfahrung nicht leicht zu erreichen, in Wirklichkeit aber ist es ganz einfach. Du brauchst nur aufzuhören mit dem unsteten Herumirren und allem Suchen nach einem Zuhause. „Höre, höre! Der wunderbare Klang dieser Glocke bringt mich zurück zu meinem wahren Zuhause." Der Klang der Glocke, die Stimme des Buddha, der Sonnenschein, alles ruft dich zurück zu deinem wahren Zuhause. Wenn du erst einmal dahin zurückgefunden hast, wirst du den Frieden und die Freude verspüren, die du verdienst.

Als Christ oder Christin spürst du, dass Jesus Christus dein Zuhause ist. Als Buddhist oder Buddhistin weißt du, dass der Buddha dein Zuhause ist. Dieses Zuhause ist verfügbar im Hier und im Jetzt, denn Jesus Christus ist gegenwärtig, und der Buddha ist gegenwärtig. Du nennst Christus den ‚lebendigen Christus'; also kannst du nicht meinen, Christus sei jemand, der nur in der Vergangenheit existierte und nicht länger gegenwärtig ist. Christus ist allgegenwärtig. Er ist dein Zuhause, und du musst dich darin üben, ihn zu berühren. Als Buddhist oder Buddhistin kannst du mit dem Buddha dadurch in Berührung kommen, dass du ihn bei seinem Namen anrufst. Der lebendige Christus, der lebendige Buddha – sie sind dein wahres Zuhause.

Der lebendige Christus und der lebendige Buddha dürfen aber nicht bloß Vorstellungen sein, nicht nur Ideen. Sie müssen zu Realitäten werden. Wie kannst du die Gegenwart des lebendigen Christus oder des lebendigen Buddha erkennen? Dein Übungsweg wird dich dahin führen. Möglich, dass es der Klang der Glocke ist, der dich ihn als dein wahres Zuhause erkennen lässt, oder weil du in der Lage bist, achtsam und gesammelt zu gehen. Was ist das Zuhause einer Welle? Das Zuhause einer Welle sind alle anderen Wellen, und das Zuhause aller Wellen ist das Wasser. Eine Welle, die imstande ist, sich und die anderen Wellen tief zu berühren, erkennt, dass sie aus Wasser besteht. Indem sie sich dieser Tatsache bewusst wird, überwindet sie die Vorstellung, eine isolierte Existenz zu haben und verlassen zu sein, überwindet sie allen Kummer und alle Ängste. Dein Zuhause ist verfügbar im Hier und im Jetzt. Dein Zuhause ist Jesus Christus oder Gott. Dein Zuhause ist der Buddha oder die Buddhaschaft.

WEDER PERSON NOCH NICHT-PERSON

In der vergangenen Woche sprachen wir über das Nirvana als der Realität von Geburt- und Todlosigkeit.

Das Nirvana ist unsere wahre Substanz, genauso wie das Wasser die wahre Substanz der Welle ist. Wir müssen uns darin üben, das zu erkennen. In dem Augenblick, da wir diese Erkenntnis gewonnen haben, überwinden wir unsere Angst vor Geburt und Tod, vor Sein und Nicht-Sein. Dem Ausdruck ‚Nirvana' entspricht der Ausdruck ‚Gott'. Gott ist das Fundament des Seins, oder, wie viele Theologen, zum Beispiel Paul Tillich, es sagen: „Gott ist der Grund des Seins."

In der vergangenen Woche haben wir festgestellt, dass die Vorstellung von Sein und Nicht-Sein nicht auf Gott oder das Nirvana angewendet werden kann. Es ist auch abwegig, sich vorzustellen, dass das Absolute einen Anfang und ein Ende hat. Aus dem Grund können weder Gott noch das Nirvana als etwas Personales oder Nicht-Personales aufgefasst werden. Wir vergeuden also unsere Zeit, wenn wir darüber streiten, ob Gott eine Person ist oder eine Nicht-Person. Die buddhistische Lehre rät von derlei Spekulationen ab, und Paul Tillich war sehr geschickt, als er erklärte: „Gott ist weder eine Person noch eine Nicht-Person." Damit hat er den Menschen in wunderbarer Weise geraten, ihre Zeit nicht allzu sehr mit Spekulationen zu vergeuden.

Wir sind Menschen, aber wir sind auch mehr als nur Menschen. Bist du *nur* ein Mensch? Bist du nicht auch gleichzeitig ein Baum oder ein Fels? Du brauchst nur tief zu schauen, und du wirst feststellen, dass du ein Mensch, zugleich aber auch ein Fels und ein Baum bist. Buddhisten glauben, dass sie in früheren Existenzen einmal Menschen, Tiere, Pflanzen und Mineralien gewesen sind. Das ist im Sinne der Naturwissenschaft auch richtig. Schauen wir tief in die Evolution unserer Spezies, so erkennen wir, dass wir in früheren Zeiten in unterschiedlichster Weise verkörpert waren – als Fels zum Beispiel oder als Baum, Rose, Einzeller, Kaninchen, Hirsch, Wolke. Das ist wissenschaftlich erwiesen. Der Mensch ist eine sehr junge Spezies. Millionen von Jahren hat es gedauert, bis sich der heutige Mensch entwickelt hat.

Wenn du nicht nachlässt, tief zu schauen, wirst du erkennen, dass du auch jetzt noch eine Rose, ein Kaninchen, ein Baum, ein Fels bist. Das ist die Wahrheit von ‚Intersein': Du bestehst aus Nicht-Du-Elementen. Du kannst die Wolke in dir berühren. Du kannst den Sonnenschein in dir berühren. Du kannst die Bäume und die Erde in dir berühren. Du weißt, dass du in diesem Augenblick nicht existieren könntest, wenn diese Elemente in dir nicht vorhanden wären. Nicht nur in früheren Leben warst du ein Baum, sondern auch jetzt, in diesem Augenblick, wo du hier sitzt, bist du ein Baum. Aus dem Grund sage ich, dass die Bäume dein Zuhause sind. Erkenne dein Zuhause, dein ‚home sweet home'.

DEN HEILIGEN GEIST IN UNS STÄRKEN, UNSERE BUDDHA-NATUR BERÜHREN

In Ostasien betrachten wir den menschlichen Körper als einen Mikrokosmos. Der Kosmos ist unser Zuhause. Wir können dieses Zuhause berühren, indem wir uns unseres Körpers gewahr werden. Meditation bedeutet Stille: Wir sitzen still, wir stehen still, und wir gehen voll innerer Ruhe. Meditation bedeutet, tief zu schauen, tief zu berühren, so dass wir erkennen können, dass wir schon zu Hause sind. Unser Zuhause ist im Hier und im Jetzt verfügbar.

Auch Jesus hat meditiert. Als Johannes Jesus taufte, machte er es dem Heiligen Geist möglich, geboren zu werden, sich zu manifestieren – in Jesus, dem Menschen. Jesus zog sich daraufhin vierzig Tage lang in die Berge zurück. Er meditierte und stärkte den Heiligen Geist in sich, um eine völlige Transformation zu erlangen. Es ist nicht überliefert, welche Haltung er einnahm, während er meditierte; ich bin mir aber sicher, dass er Sitz- und Gehmeditation praktizierte sowie tiefes

Schauen und tiefes Berühren und dadurch die Energie des Heiligen Geistes in sich stärkte. Vielleicht saß er dabei, so wie der Buddha, unter einem Bodhi-Baum.

Jesus hatte die Kraft, anderen Wesen Freude, Glück und Heilung zu bringen, weil er von der Energie des Heiligen Geistes ganz erfüllt war. Auch wir tragen den Samen des Heiligen Geistes in uns. Wir Buddhisten sprechen von ‚Buddhaschaft' oder ‚Buddha-Natur'. Wir sprechen von Achtsamkeit. Achtsamkeit ist die Energie, die uns hilft, still zu werden und ganz präsent zu sein, so dass wir tief schauen und tief berühren können und allmählich verstehen und erkennen, dass wir ein Zuhause haben.

Das Bild von Jesus, das uns gewöhnlich präsentiert wird, ist das Bild von Jesus am Kreuz – ein qualvolles Bild. Es vermittelt keine Freude und keinen Frieden und wird somit Jesus nicht gerecht. Ich wünschte mir, unsere christlichen Freunde würden Jesus auch anders darstellen, vielleicht, wie er in der Lotusposition sitzend meditiert oder Gehmeditation praktiziert. Dann würden Frieden und Freude in unsere Herzen einkehren, wenn wir uns Jesus kontemplierend zuwenden. Das ist mein Vorschlag.

SICH SELBST EINE INSEL DER ZUFLUCHT SEIN

In der buddhistischen Tradition empfangen wir nicht die Taufe, sondern nehmen Zuflucht. Im Zusammensein mit unserem Lehrer oder unserer Lehrerin und mit unserer Sangha, unserer spirituellen Gemeinschaft, legen wir die Handflächen aneinander und sagen: „Ich nehme Zuflucht zum Buddha. Ich nehme Zuflucht zum Dharma. Ich nehme Zuflucht zur Sangha." Auch eine solche Zufluchtnahme bringt uns nach Hause zurück. Unser Zuhause ist der Buddha, der Dharma und die Sangha, und sie alle sind uns im gegenwärtigen Augenblick verfügbar. Wir brauchen nicht bis nach Indien zu reisen, um zu den

Drei Juwelen Zuflucht zu nehmen. Das können wir zu jeder Zeit und an jedem Ort tun. Ob unser Gefühl des Zu-Hause-Seins tief ist oder nicht, hängt entscheidend von unserem Praktizieren ab.

Als der Buddha achtzig Jahre alt war und im Sterben lag, riet er seinen Schülern, sich selbst eine Insel der Zuflucht zu sein *(attadipa)*. Wenn sie zu sich selbst zurückkehren und tief in ihr Inneres schauen würden, so erklärte er, könnten sie den Buddha, den Dharma und die Sangha in sich berühren. Das ist etwas, was auch für uns außerordentlich wichtig ist. Wir müssen wissen, was wir zu tun haben, um unser Zuhause wiederzufinden, wenn wir uns verloren, fremd, vom Leben und von der Welt abgeschnitten oder verzweifelt, zornig und verunsichert fühlen. Es ist unser achtsames Atmen, das uns dazu verhilft, zu unserem wahren Zuhause zurückzukehren und dem Buddha, dem Dharma und der Sangha nahe zu kommen. Achtsames Atmen führt uns nach Hause zurück; es bewirkt, dass die Energie der Achtsamkeit uns schließlich ganz und gar erfüllt. Achtsamkeit ist die Substanz eines Buddha.

Die Sangha, unsere Gemeinschaft, ist ein wunderbares Zuhause. Sooft du zu deiner Sangha zurückkehrst, hast du das Gefühl, leichter atmen und achtsamer gehen zu können, und du verspürst eine noch größere Freude am blauen Himmel, den weißen Wolken und dem Zypressenbaum im Garten. Warum ist das so? Weil die Sangha-Mitglieder sich jeden Tag darin üben, zu ihrem Zuhause zurückzufinden, indem sie achtsam gehen, atmen, kochen und überhaupt alle täglichen Verrichtungen in Achtsamkeit ausführen.

Es ist merkwürdig. Du bist in Plum Village gewesen, und dir ist gezeigt worden, wie du zu atmen, zu gehen, zu lächeln und Zuflucht zu nehmen hast. Du hast diese Anleitungen mit nach Hause genommen und hast ihnen entsprechend gelebt. Dennoch: Sooft du nach Plum Village zurückkehrst, stellst du fest, dass du zusammen mit der Sangha dort besser praktizieren kannst als allein bei dir zu Hause. Manche Dinge fallen dir schwerer, wenn du allein bist. Aber umgeben von den Sangha-Mitgliedern, werden dir diese Dinge auf einmal ganz leicht. Du brauchst dich gar nicht besonders anzustrengen, du tust alles freudigen Herzens. Falls du diese Erfahrung schon einmal gemacht hast, so versuche, an deinem Heimatort eine Sangha aufzubauen. Eine Sangha ist unser Zufluchtsort. Zuflucht zu nehmen zur Sangha hat nichts mit Glauben zu tun, sondern mit praktischem Tun. Sprich mit deinem Kind, deinem Partner oder deiner Partnerin, deinen Freunden und Freundinnen, und überzeuge sie von der Notwendigkeit, eine Sangha zu haben. Eine Sangha gibt dir Sicherheit. Mit ihr kannst du dein wahres Zuhause pflegen und dir Schutz verschaffen. Du kannst dein Zuhause immer weiter ausweiten und die Wolken, die Bäume und den Meditationspfad mit einbeziehen. Du weißt: Alles ist Teil unseres Zuhauses, alles ist Teil unserer Sangha.

Vielleicht bist du der Meinung, dass ein Mensch, der dem buddhistischen Übungsweg kritisch gegenübersteht, deiner Sangha nicht angehören dürfe. Wenn dieser Mensch aber mit drei, vier oder fünf anderen zusammen ist, die sich darin üben, achtsam zu atmen, achtsam zu gehen, achtsam zu sitzen und zu lächeln, kann es geschehen, dass er eines Tages erkennt, dass er mehr ist als das, was er für sein Selbst hält. Auch wenn du mit ihm oder ihr nicht über deinen Übungsweg sprichst, wird dieser Mensch feststellen, dass etwas in dir ist, was dich gesund, ruhig und glücklich macht. Du hast den Buddha, den Dharma und die Sangha in dir. Es ist außerordentlich wichtig, zur Sangha Zuflucht zu nehmen. Es vergeht kein Tag, an dem ich das nicht mehrmals tue.

LIEBE ERDE, DU BIST MEIN ZUHAUSE

Damit ich nicht in die Irre gehe und mich selbst verliere, praktiziere ich dieses ‚Nach-Hause-Zurückkehren', indem ich achtsam gehe, achtsam sitze und überhaupt alle Verrichtungen voller Achtsamkeit ausführe. Tinh Thuy, der in Plum Village lebt, hat vor einigen Jahren ein Lied geschrieben mit dem Titel: „Ich bin immer bei mir." Die ersten Zeilen lauten: „Schon lange bin ich in mir selbst zu Hause. Niemals habe ich mich verirrt. Schon immer bin ich in mir selbst zu Hause. Niemals habe ich mich verirrt."

Das ist eine sehr wichtige Einsicht. Lebe dein tägliches Leben so, dass du dich nie verirrst und dir verloren gehst. Wenn deine Sorgen, Ängste, Sehnsüchte, dein Zorn und deine Begierden dich davontragen, läufst du vor dir selber davon und gehst in die Irre. Wir müssen uns ständig bemühen, zu uns selbst zurückzukehren. Dafür gibt es eine wunderbare Methode, und sie kostet kein Geld: Achtsames Atmen und achtsames Gehen machen es uns möglich, zu uns selbst zurückzufinden.

Betrachtest du dich selbst, so erkennst du eine Menge Raum. Bist du ganz bei dir und nimmst dich deiner liebevoll an, so ist Raum in dir, weit genug, um auch die weißen Wolken hereinzulassen.

In Tinh Thuys Lied heißt es weiter: „Auch meine Zukunft ist schon da. Und meine Vergangenheit ist nicht vergangen. Darum fühle ich mich im Heute leicht und glücklich." Wo ist deine Zukunft? Wo ist deine Vergangenheit? Dadurch, dass du zu dir selbst zurückkehrst, kannst du sie entdecken. Natürlich leben deine Vorfahren in dir weiter; du kannst sie berühren, indem du zu dir selbst zurückfindest. Dein Großvater und deine Großmutter, dein Vater und deine Mutter – sie alle sind in dir lebendig. Deine Vorfahren sind niemals gestorben. Sie leben in dir weiter. Du brauchst nur achtsames Atmen zu praktizieren, um sie berühren und ihnen zulächeln zu können.

In früheren Existenzen warst du ein Baum, ein Fels, eine Wolke, ein Kaninchen, ein Hirsch. Sie alle sind noch in dir, und du kannst sie berühren. Sie gehören zu deinem Zuhause. Kehre zurück und berühre diese Elemente, und du wirst erkennen, dass dein Dharma-Körper gewaltig groß ist und dein Zuhause unendlich weit. Deine Brüder und Schwestern, deine Kinder und deren Kinder, deine Schüler und Schülerinnen und deren Schüler und Schülerinnen – sie alle sind in ihm zu finden. Sie sind nicht einfach nur in deiner Nähe, sie sind *in* dir.

Stell dir einen Zitronenbaum im Frühling vor, der eine Fülle von herrlichen weißen Blüten trägt. Du siehst keine einzige Zitrone am

Baum, und dennoch weißt du, dass die Zitronen schon vorhanden sind. Weil die Blüten da sind, sind auch die Früchte da. Auch wenn du noch jung bist, kannst du schon deine Kinder und deine Enkelkinder in dir berühren. Auch deine Kinder und deine Enkelkinder machen dein Zuhause aus.

Du musst den Zypressenbaum anschauen, achtsam einatmen und achtsam ausatmen und dabei sagen: „Lieber Zypressenbaum, du bist mein Zuhause." Berühre tief die Erde, auf die du deine Schritte setzt, und sage: „Liebe Erde, du bist mein Zuhause." Die Erde kann dir eine Mutter sein, sie kann dir eine Schwester sein. Warum musst du davonlaufen, um dein Zuhause zu finden? Dein Zuhause ist hier, dein Zuhause ist jetzt. Das musst du erkennen. Alle Dinge und jedes Wesen, alles, was ist, ist Teil deines wahren Zuhauses. In dir ist eine Menge Raum. Du bist nicht isoliert. Wir alle sind in dir, wir alle sind du, und du kannst uns als dein Zuhause in die Arme schließen. *Wir* – das ist der Zypressenbaum, das ist der Hirsch, das ist das Kaninchen.

Jeder von uns, die ganze Welt braucht ein Zuhause. Es gibt unendlich viele junge Menschen, die kein Zuhause haben. Sie mögen zwar in einem Haus wohnen, aber sie sind heimatlos in ihren Herzen. Darum ist es die wichtigste Aufgabe unserer Zeit, jedem Menschen ein Zuhause zu geben. Seid diesen heimatlosen Menschen ein Zuhause! Jeder von uns muss für andere ein Zuhause sein. Wenn wir etwas betrachten, einen Menschen, einen Baum oder irgend etwas anderes, so sollten wir das in einer Weise tun, dass wir sie als Teil unseres Zuhauses erfahren können. „Hier ist das Reine Land, das Reine Land ist hier." So beginnt ein Lied, das wir in Plum Village gerne singen. Das Reine Land ist unser wahres Zuhause.

ZU HAUSE SEIN IM DHARMA-KÖRPER

Wir können sehr glücklich sein, dass wir Jesus Christus als unser Zuhause haben. Er ist eine Wirklichkeit. Eine der Voraussetzungen, die dir hilft, ihn als dein Zuhause zu identifizieren und anzuerkennen, ist, dass er ein Mensch war. Was wäre, wenn wir von Gott nur eine Vorstellung, eine Idee hätten? Gott hat sich in der Gestalt eines Menschen verkörpert, in Jesus Christus, Gottes Sohn.

Wir können gleichfalls sehr glücklich sein, dass im Buddhismus der *Dharmakaya*, der Körper des Dharma, in einem Menschen Gestalt angenommen hat: im Buddha Shakyamuni. Es fällt uns viel leichter, das Absolute, den Letzten Grund, zu berühren, wenn wir ein menschliches Wesen berühren können. Aus diesem Grund neigen wir dazu, Gott als eine Person anzusehen, als menschliches Wesen mit einem Körper.

Auch Buddhisten visualisieren manchmal den Dharmakaya, den Körper des Absoluten, in der Gestalt eines menschlichen Wesens, in Form von Shakyamuni nämlich, einem Menschen, der den Dharma verkörpert. Der Buddhismus lehrt, dass wir viele Körper haben – neben unserem physischen Körper u. a. auch einen Dharma-Körper in unserem Innern, und es ist uns möglich, ihn zu berühren. Auch der Buddha-Körper ist in uns, mit dem wir jederzeit in Berührung kommen können.

Schon zur Zeit des Buddha wurde der Ausdruck ‚Dharma-Körper' benutzt. Als der Mönch Vaikhali einmal krank war, besuchte der Buddha ihn im Haus eines Töpfers, wo er wohnte. Vaikhali liebte und verehrte den Buddha von ganzem Herzen. Als junger Mönch hatte er Stunden um Stunden an der Seite des Buddha zugebracht in stiller Betrachtung dessen Körpers. Später bemühte Vaikhali sich, über den physischen Körper des Erhabenen hinauszugehen und den Dharma-Körper des Buddha zu berühren. Jetzt lag er im Sterben, und der Buddha fragte: „Vaikhali, wie fühlst du dich in deinem Körper?" Vaikhali antwortete: „Herr, ich leide sehr. Die Schmerzen in meinem Körper werden immer stärker." Der Buddha fragte: „Vaikhali, hast du deinen inneren Frieden gefunden? Gibt es irgend etwas, was du bedauerst?" – „Nein, Herr", sagte Vaikhali, „was mein Praktizieren angeht, so bedaure ich nichts. In mir ist Frieden. Nur eines macht mich ein wenig traurig: dass ich, weil ich krank bin, dich auf dem Gridhakuta-Berg nicht mehr besuchen kann." Der Buddha sagte: „Eines musst du wissen, Vaikhali: Mein physischer Körper ist von keiner großen Bedeutung. Wenn du den Dharma berührt hast und jeden Augenblick mit dem Dharma lebst, dann wird mein Dharma-Körper immer bei dir sein."

Der Dharma-Körper ist der Körper der Lehre. Du selbst kannst den Dharma-Körper in dir entdecken. Aber auch ein Lehrer oder eine Lehrerin, ein Bruder oder eine Schwester können dir helfen, ihn aufzuspüren. Solange du auf deinem Übungsweg voranschreitest, wirst du der Entdeckung deines Dharma-Körpers immer näher kommen. Je tiefer du ihn berührst, desto glücklicher wirst du, und desto größer wird dein innerer Frieden sein.

Dein Dharma-Körper ist dir von niemandem geschenkt worden. Er befindet sich tief in deinem Innern, und es liegt an dir, ihn zu entdecken. Wenn du Gehmeditation praktizierst, kannst du dich von deinem Ärger und Kummer befreien. Du kannst tiefer in die Wirklichkeit der Dinge schauen und frei werden von all deinen Illusionen, Sehnsüchten und Begierden. Gelingt dir das, so ist das ein Beweis dafür, dass du den Dharma-Körper in dir berührt hast. Wenn du ihn zu nutzen weißt, wirst du weniger leiden; du wirst freier sein, friedvoller und glücklicher. Der Buddha und die Sangha können dir helfen, deinen Dharma-Körper tief zu berühren. Da der Dharma-Körper in dir ist, ist auch der Buddha-Körper in dir vorhanden. Du bist ein werdender Buddha. Du hast einen physischen Körper, einen Dharma-Körper und einen Buddha-Körper.

HAT DER MENSCH GOTT NACH SEINEM EIGENEN BILD ERSCHAFFEN?

Wissenschaftler lieben es, sich in der Sprache der Mathematik auszudrücken. Auch unter uns gibt es eine Reihe von guten Mathematikern und Mathematikerinnen. Wer von uns die Wirklichkeit betrachtet und von ihr in der Sprache der Mathematik spricht, ist der Meinung, dass keine andere Sprache die Wirklichkeit so gut fassen kann wie die Sprache der Mathematik. Wenn ein Wissenschaftler die Wirklichkeit vermittels der Mathematik bewundert, ist er geneigt zu glauben, dass Gott der beste Mathematiker ist. Wie sonst könnte alles so sein, wie es ist? Wie sonst könnte Gott alles so perfekt geschaffen haben, wenn er kein guter Mathematiker wäre?

Ein Künstler, ein Maler, der mit Pinsel und Farben wunderbare Bilder auf die Leinwand zaubert, glaubt vermutlich, dass Gott der beste aller Maler ist. Schaut euch um. Nichts ist schöner als das, was ihr seht – der herrliche Sonnenaufgang, der prachtvolle Sonnenuntergang, das Meer, die Sterne, die Blätter, die Bäume, die Wolken –, alles ist wunderschön. Wenn Gott nicht der beste aller Maler wäre, wie könnte er die Welt so geschaffen haben, wie sie ist? Maler haben das Recht, an Gott als den besten Maler zu glauben.

Lasst uns einen Fisch betrachten, der glücklich im Wasser umherschwimmt. Er hält Gott für den besten aller Schwimmer. Dass die Menschen sich dementsprechend Gott als ein menschliches Wesen vorstellen, ist sehr begreiflich. Es heißt, Gott habe den Menschen nach seinem eigenen Bild erschaffen. Aber ebenso lässt sich sagen, dass der Mensch Gott nach seinem eigenen Bild erschaffen hat. Beide Aussagen sind wahr. Wir vergeuden nur unsere Zeit, wenn wir miteinander darüber streiten, ob Gott personal gesehen werden kann oder nicht. Du bist eine Person, ein Mensch, aber du bist auch mehr als eine Person. Dies gilt für den Kosmos, für den Geist und für Gott.

Der buddhistischen Lehre zufolge ist Vertrauen eine Quelle der Energie. Du schenkst einer Sache, einem Menschen oder einer Idee dein Vertrauen. Mit der Energie des Vertrauens in dir gewinnst du an Lebenskraft. Aber in was setzt du dein Vertrauen? Das ist die Frage. Du magst Vertrauen fassen, wenn du etwas siehst oder hörst, von dem du überzeugt bist, dass es wahr, gut und schön ist. Ganz plötzlich vermagst du diesem Etwas dein Vertrauen zu schenken. Du musst dir aber der Tatsache bewusst sein, dass das Objekt deines Vertrauens unbeständig sein kann. Es ist denkbar, dass du einer falschen Vorstellung aufgesessen bist und dein Vertrauen innerhalb weniger Stunden oder Tage verlierst. Es kann geschehen, dass es dir nicht gelingt, das, woran du glaubst, in die Tat umzusetzen. Die Folge ist, dass dein Vertrauen schwindet. Oder du hast zunächst Erfolg, aber beim nächsten Mal scheiterst du in deinem Bemühen, und wieder geht dir dein Vertrauen verloren. Warum ist das so? Die Antwort ist, dass Vertrauen etwas Lebendiges ist. Vertrauen muss wachsen. Wenn dein Vertrauen lediglich auf einer Vorstellung beruht, ist es nichts Lebendiges. Wenn du einer Vorstellung oder Idee als dem Objekt deines Vertrauens anhängst, gehst du das Risiko ein, dein Vertrauen früher oder später zu verlieren.

Vertrauen hat mit Verstehen und Einsicht zu tun. Stell dir vor, du schaust zu, wie eine Freundin Tofu macht. Du bist überzeugt davon, dass dir kein Detail bei der Tofuzubereitung entgangen ist, also vertraust du darauf, dass auch du Tofu herstellen kannst. Du gehst heim und besorgst dir alle Zutaten und versuchst, Tofu zu machen, aber es misslingt dir. Du suchst deine Freundin erneut auf und bittest sie, dir noch einmal zu zeigen, wie man Tofu macht. Um sicher zu sein, dass es dir diesmal gelingt, bereitest du ihn selbst in ihrer Gegenwart zu. Du hast Erfolg und vertraust darauf, dass du nun weißt, wie man Tofu herstellt. Niemand, so glaubst du, kann dir dieses Vertrauen wieder nehmen. Vielleicht bist du sogar überzeugt, dass deine Methode, Tofu zu machen, die einzig richtige oder die beste ist. Ein oder zwei Jahre später aber triffst du jemanden, der Tofu auf eine andere Art herstellt, und dieser Tofu schmeckt sogar besser. Du lernst dazu, du verfeinerst deine Kunst der Zubereitung. Dein Vertrauen, Tofu herzustellen, ist also etwas Lebendiges. Es hängt ab von der Tiefe deines Schauens und Verstehens.

Für Buddhisten ist es wichtig, bereit zu sein, Wissen loszulassen. Wenn wir bestimmte Kenntnisse haben, halten wir häufig blind daran fest. Wir sind nicht bereit, sie loszulassen, und das ist ein Hindernis auf unserem Übungsweg. Im Buddhismus wird Wissen also als ein Hindernis angesehen. Wir können Wissen in großen Mengen anhäufen, um schließlich eines Tages festzustellen, dass gerade dieses Wissen es war, das uns daran gehindert hat, auf dem Weg des Verstehens voranzuschreiten. Der Sanskrit-Ausdruck für ‚Wissen als Hindernis' ist *jneyavarana*.

Wissen und Verstehen sind nicht dasselbe. Wenn du auf eine Leiter steigst, musst du deinen Fuß von der tieferen Sprosse fortnehmen, um ihn auf die nächsthöhere setzen zu können. Genauso ist es mit dem Wissen. Wenn du nicht bereit bist, dein Wissen loszulassen, wirst du nicht in der Lage sein, tieferes Wissen zu erlangen. Die Geschichte der Wissenschaft beweist das. Bestimmte Entdeckungen führen zu bislang unbekannten Einsichten. Doch auch diese Erkenntnisse müssen eines Tages losgelassen werden, damit etwas Tiefergehendes und Weiterreichendes entdeckt werden kann. Die buddhistische Lehre vom Loslassen unseres Wissens ist außerordentlich wichtig.

Der Prozess des Lernens und Verstehens hat eine Auswirkung auf dein Vertrauen. Hältst du nicht länger an einer bestimmten Vorstellung fest, sondern gibst sie auf, so verändert sich dein Vertrauen und gewinnt an Stärke. Heute verstehst du die buddhistischen Lehren anders als früher, als du zwanzig Jahre alt warst. Dein heutiges Buddhismusverständnis ist grundverschieden von dem Buddhabild, das du als Fünfzehnjähriger hattest. Es ist tiefer und der Wirklichkeit näher.

Du weißt, dass du deine Vorstellungen loslassen musst, um den Buddha tiefer zu verstehen.

Vertrauen verändert sich auch als Funktion des Verstehens. Vertrauen ist etwas Lebendiges, seine Nahrung ist das Verstehen. Das zu begreifen ist sehr wichtig; das dürfen wir nicht vergessen. Wenn wir uns an einer Vorstellung festklammern oder der Meinung sind, diese Vorstellung entspreche der Letzten Wahrheit, dann werden wir Schiffbruch erleiden. Ein solches Vertrauen ist kein rechtes Vertrauen.

Du musst also bereit sein, dich von deinem Gottesbild und der Vorstellung, die du dir vom Buddha gemacht hast, zu lösen; bereit sein, dein bisheriges Verständnis von Gott und dem Buddha aufzugeben. Du weißt, dass beim Erklettern einer Leiter dein Fuß die tiefere Sprosse verlassen muss, um die nächsthöhere zu erreichen. Obwohl du die tiefere Sprosse unter dir lässt, weißt du, dass sie dir beim Aufstieg geholfen hat. Für den Prozess deines Lernens und Praktizierens ist sie nützlich gewesen.

Du darfst nicht an einer Idee festhalten, wenn du spirituell wachsen willst. Stell dir vor, du gerätst in eine gefährliche Situation oder in eine Notlage und weißt nicht, wie du dich daraus befreien kannst. Du kniest nieder und betest zu Gott oder rufst Avalokiteshvara, den Bodhisattva des mitfühlenden Zuhörens, an. Und tatsächlich: Alles wendet sich zum Guten, was zur Folge hat, dass du fortan an die Kraft des Gebets glaubst. Das nächste Mal jedoch, wenn du dich in einer ähnlichen misslichen Situation befindest und niederkniest, um um Hilfe zu bitten, zeigt dein Gebet keine Wirkung. Dann kann es sein, dass du deinen Glauben an Gott oder an den Bodhisattva Avalokiteshvara verlierst. Das soll dir Gelegenheit sein, dein Verstehen und die Art deines Betens gründlich zu überprüfen. Es ist sehr schlimm, sein Vertrauen zu verlieren, es kann viel Leid mit sich bringen. Der Buddha ermahnte uns oft genug, mit unserem Wissen vorsichtig umzugehen.

VERTRAUEN UND VERSTEHEN

Im Buddhismus bedeutet Lernen *(siksa)* nicht intellektuelles Lernen. Auch unser Körper lernt. Wir müssen uns beispielsweise darin üben, achtsam zu atmen. Wir müssen es wirklich lernen, so dass wir uns schließlich an jedem einzelnen Atemzug erfreuen können. Ist uns das gelungen, so brauchen wir nicht mehr zu üben. Wir brauchen nur normal weiterzuleben, und das achtsame Atmen klappt problemlos. Diese Stufe wird die Stufe des Nicht-mehr-Lernens, des Nicht-Lernens genannt. In unserem Zusammenhang bedeutet Lernen also nicht eine bloße Schulung des Intellekts, sondern ein Praktizieren, ein Üben, an dem der ganze Mensch mit seinem Geist *und* seinem Körper beteiligt ist.

Auch Transformation lässt sich lernen. Der Mensch ist einem Tier nicht unähnlich. Tiere sind in der Lage, bestimmte Fertigkeiten und Verhaltensweisen durch Übung zu erlernen – genauso der Mensch. Tiere allerdings werden gegen ihren Willen dressiert. Wir wollen durch Übung lernen, glücklich zu sein.

Wir alle praktizieren Gehmeditation. Zunächst erhalten wir von einem Lehrer oder einer Lehrerin, einem Bruder oder einer Schwester Instruktionen und setzen sie experimentierend in körperliche und geistige Erfahrungen um. Haben wir die Gehmeditation schon seit längerer Zeit in unseren Alltag integriert, so können wir feststellen, wie unser Geist im Laufe der Zeit friedvoller und achtsamer wird und wie wir mehr Freude erfahren. Unser Verständnis für den Wert unseres Praktizierens wächst. Unser Vertrauen in die Gehmeditation beruht auf unseren positiven Erfahrungen, die wir durch sie haben machen können. Unser ständiges Üben und Lernen lässt uns besser und besser werden. Wir stellen fest, dass wir in diesem Jahr schon weiter vorangekommen sind als im vergangenen, allein deshalb, weil wir unermüdlich praktiziert haben. Die Art, wie wir praktizieren, hat sich verfeinert, und wir erfahren, dass es uns mittels der Gehmeditation gelingt, unseren Ärger und unsere Sorgen loszulassen und unseren Frieden und unsere Gesundheit wieder herzustellen.

So wächst auch unser Vertrauen in den Sinn des Übens. Was ich sage, ist einfach: Vertrauen ist etwas Lebendiges. Vertrauen muss wachsen. Zu diesem Wachstum verhilft ihm unser ständig zunehmendes tieferes Verständnis der Wirklichkeit. Vertrauen erhält seine Nahrung durch Verstehen, so lehrt uns der Buddhismus. Üben wir uns darin, tief zu schauen, so vertieft sich unser Verstehen. Und je besser wir verstehen, desto größer wird unser Vertrauen.

Weil Verstehen und Vertrauen etwas Lebendiges sind, stirbt in ihnen in jedem Augenblick auch etwas, und etwas Neues wird in jedem Moment geboren. Der Zen-Buddhismus drückt das auf sehr drastische Weise aus: „Gib Acht! Triffst du den Buddha unterwegs, so töte ihn!" Deutlicher kann man es nicht ausdrücken. Gemeint ist, dass wir in unseren Vorstellungen verfangen bleiben, sobald wir uns ein Bild vom Buddha machen. Wir müssen uns von diesem Bild befreien. Tun wir das nicht, so können wir auf dem spirituellen Weg nicht vorankommen. Töte den Buddha! Das heißt: Töte deine Vorstellung vom Buddha! Wir müssen geistig wachsen. Andernfalls sterben wir auf unserem spirituellen Pfad.

Verstehen ist etwas Lebendiges, ein Prozess. Behaupte niemals, du habest die Wirklichkeit vollkommen verstanden. Wenn du dich unermüdlich darum bemühst, jeden Augenblick deines Lebens tief zu erfahren, wird dein Verstehen wachsen, nicht weniger dein Vertrauen.

Konzentration, Sammlung, ist die Nahrung unseres Verstehens. Erst ein gesammelter Geist macht Verstehen möglich. Du musst konzentriert sein, willst du ein mathematisches Problem lösen. Du kannst nicht das Radio anstellen und deinen Geist zerstreut sein lassen. Wenn du vor einem Baum stehst, musst du deine Konzentration auf den Baum richten. Erst dann kannst du den Baum wirklich verstehen. Alles, was wir in unserem täglichen Leben tun, muss gesammelten Geistes geschehen. Essen wir, so muss uns bewusst sein, dass wir essen. Trinken wir, so muss uns bewusst sein, dass wir trinken. Mit *samadhi* ist die Art von Konzentration gemeint, die unseren Geist zur Ruhe bringt und uns befähigt, tief in das Objekt unserer Betrachtung zu schauen. Das zu praktizieren ist außerordentlich wichtig. Den ganzen Tag über muss unser Geist vollkommen gesammelt bleiben. Gehen wir, so sind wir uns unseres Gehens bewusst; sitzen wir, so sind wir uns unseres Sitzens bewusst, und atmen wir, so sind wir uns unseres Atmens bewusst.

Auch unser gesammelter Geist wird durch etwas genährt, durch Achtsamkeit nämlich. Achtsamkeit bedeutet, ganz präsent zu sein. Indem du achtsam isst, achtsam gehst, achtsam sitzt, einen Menschen achtsam umarmst, entwickelt dein Geist die Fähigkeit, nicht länger zerstreut, sondern konzentriert zu sein. Ein gesammelter Geist macht wirkliches Verstehen möglich. Und dadurch, dass du verstehen kannst, wird dein Vertrauen gestärkt.

Dieses Vertrauen wiederum bewirkt, dass du Tatkraft entwickelst. Du vertraust dem Buddha, dem Dharma und der Sangha, du vertraust etwas wirklich Gutem, Wahrem und Heilsamem und machst die Erfahrung, dass dieses Vertrauen dir Kräfte verleiht, die dich gewissermaßen erst richtig lebendig werden lassen. Ein Mensch, der nichts hat, in das er sein Vertrauen setzen kann, ist ohne Energie. Ist aber die Energie des Vertrauens in dir lebendig, so gehst du festeren Schrittes durchs Leben, und deine Augen werden glänzender. In dir entwickelt sich die Bereitschaft, zu lieben, zu verstehen, zu helfen und nicht länger untätig zu bleiben. Wenn es dir gelingt, Achtsamkeit zu üben, und dieses Praktizieren dir wichtig geworden ist, so ist das auf deine Energie zurückzuführen. Und wenn du es geschafft hast, diese Energie zu entwickeln, so hat das damit zu tun, dass du Vertrauen in den Übungsweg, Vertrauen in den Dharma hast.

Vertrauen ist keine Vorstellung, sondern etwas sehr Lebendiges, etwas, was durch wahres Verstehen genährt werden muss. Wir Buddhisten können es nicht oft genug wiederholen, dass unser Vertrauen *rechtes* Vertrauen sein muss. Vertrauen hat nichts mit Vorstellungen und Konzepten zu tun. Rechtes Vertrauen erhält seine Nahrung durch wahres Verstehen, durch Erfahrung, nicht durch intellektuelles Begreifen. Im christlich-buddhistischen Dialog sollten wir – meiner Meinung nach – dem Phänomen Vertrauen viel mehr Aufmerksamkeit schenken.

DIE SANGHA IST DAS TOR ZU UNSEREM ZUHAUSE

Ich sagte es schon, dass die Sangha es ist, die uns den Zugang zu unserem wahren Zuhause verschafft. Aus dem Grund ist es unerlässlich, dass wir uns täglich darum bemühen, uns eine Sangha aufzubauen. Alles und jedes in unserer Umgebung kann zum Element unserer Sangha werden. Alles und jedes um uns herum kann Teil unseres wahren Zuhauses sein. Das erkennen wir, wenn wir Achtsamkeit praktizieren.

Wir wissen, dass jede Gesellschaft, jeder Staat vor der Aufgabe steht, allen Menschen ein Zuhause zu geben. Es gibt unzählige Menschen, die obdachlos oder heimatlos sind. Auch in spiritueller Hinsicht haben viele von uns kein Zuhause, zu dem sie zurückkehren könnten. Aus dem Grund ist es so wichtig, Zuflucht zu nehmen. Wir müssen uns täglich um dieses Nach-Hause-Zurückkehren bemühen; uns muss bewusst werden, dass unser Zuhause im Hier und Jetzt verfügbar ist. Auch unser lebendiges Vertrauen ist unser Zuhause.

Kapitel drei

BEREIT SEIN FÜR DIE GEBURT DES KINDES

Liebe Freunde, heute ist der Heilige Abend des Jahres 1996; die Uhr zeigt Viertel nach drei am Nachmittag. Seid willkommen in der Meditationshalle des New Hamlet in Plum Village. Wir befinden uns im Winter-Retreat. Es soll euch eine Art von Zuhause sein.

Weihnachten wird oft als ein Fest für Kinder bezeichnet. Ich bin damit ganz einverstanden, denn wer von uns ist nicht noch ein Kind oder ist kein Kind gewesen? Das Kind in uns ist immer lebendig; vielleicht haben wir uns nur nicht die Zeit genommen, uns um es zu kümmern. Ich habe erkannt, dass wir diesem Kind dazu verhelfen können, wieder und wieder geboren zu werden, denn der Geist des Kindes ist der Heilige Geist, ist der Geist des Buddha. Da gibt es keinen Unterschied. Ein Kind ist immer in der Lage, im gegenwärtigen Augenblick zu leben. Ein Kind ist frei von Zukunftssorgen und -ängsten. Aus dem Grund ist es sehr wichtig, dass wir in einer Weise praktizieren, dass das Kind in uns wiedergeboren werden kann.

Seien wir bereit für die Geburt des Kindes!

Wir feiern heute die Geburt eines Menschen, der von der Menschheit hoch geschätzt wird, eines Menschen, der Licht in die Welt gebracht hat, wir feiern Jesu Christi Geburt. Wir hoffen, dass uns Kinder von seiner Art in jedem Augenblick unseres täglichen Lebens geboren werden.

Eine sehr wichtige Übung in der buddhistischen Tradition ist die Übung des *Neu-Anfangens*. Neu anfangen bedeutet, gesund und frisch wiedergeboren zu werden und in der Lage zu sein, einen neuen Anfang zu wagen. Die Lehre des Buddha zeigt uns Wege auf, die es uns möglich machen, in jedem Augenblick unseres täglichen Lebens wiedergeboren zu werden und zu lernen, wieder zu lieben. Es gibt Menschen, die so entmutigt sind, dass sie nicht länger bereit sind zu lieben. Sie haben viel Leid erfahren, weil sie in ihrem Bedürfnis nach Liebe enttäuscht worden und in ihrem Bemühen, Liebe zu schenken, gescheitert sind. Sie fühlen sich so tief verletzt, dass sie vor dem Versuch, wieder zu lieben, Angst haben. Auch unter uns sind solche Menschen zu finden. Wir müssen ihnen die Botschaft überbringen, dass Liebe möglich ist, dass unsere Welt in höchstem Maße der Liebe bedürftig ist.

Im Buddhismus spielt der Begriff *bodhicitta*, Geist der Liebe, eine große Rolle. Wenn es dich drängt, Leiden zu überwinden, dich aus einer schwierigen Situation zu befreien und anderen zu helfen, das Gleiche zu tun, erwächst in dir eine starke Quelle von Energie, die dir die Kraft zuwachsen lässt, dein eigenes Leiden und das anderer Menschen zu transformieren. Das nennen wir *bodhicitta*, den Geist der Liebe. Er geht aus dem starken Bedürfnis hervor, sich selber und andere aus ihrem Leidensgefängnis zu befreien. Aus diesem Bedürfnis entwickelt sich in dir die kraftvolle Quelle von Energie, die wir den Geist der Liebe nennen, den Geist der Erleuchtung. Das ist ein sehr wichtiger Anfang. Wenn es dir gelingt, diese Quelle von Energie in dir lebendig zu halten, kannst du jeder Art von Hindernissen die Stirn bieten und mit ihnen fertig werden. Aus dem Grund ist *bodhicitta* so wichtig. Ist die Energie der Liebe, ist *bodhicitta* in uns, so werden wir eine starke Lebenskraft verspüren. Wir werden stark sein und vor nichts Angst haben, weil unsere Liebe uns helfen wird, jedwede Schwierigkeit und Verzweiflung zu überwinden.

Wahre Liebe setzt Verstehen voraus. Wir müssen den Menschen, den wir lieben, verstehen, sein Leiden, seine Probleme und seine wirklichen Sehnsüchte. Verstehen wir ihn, so sind wir ihm freundlich zugewandt, bringen ihm Mitgefühl entgegen und lassen ihn Freude verspüren. Es wird auch eine Menge Raum in und um uns herum sein, denn wahre Liebe ist keine besitzergreifende Liebe. Du liebst, aber dennoch bleibst du frei, und auch der oder die andere bleibt frei. Eine Liebe, die keine Freude bringt, ist keine wahre Liebe. Wenn beide

Partner miteinander nur weinen, können wir nicht von wahrer Liebe sprechen. Wahre Liebe beinhaltet Freude, Freiheit und Verstehen.

Der zukünftige Buddha wird *Maitreya* genannt, Buddha der Liebe. Unser Praktizieren hat das Ziel, sein oder ihr Erscheinen Wirklichkeit werden zu lassen. Wir bereiten den Boden vor für den Buddha der Zukunft. Dieser zukünftige Buddha mag eine Sangha sein, eine Gemeinschaft, die zusammen praktiziert, eine Gemeinschaft, für die die gleichen Werte Gültigkeit haben, und nicht eine einzelne Person, denn Liebe muss gemeinschaftlich praktiziert werden. Wir brauchen einander, damit wir unseren Übungsweg erfolgreich beschreiten können; es ist nötig, dass viele Menschen gleichzeitig diesem Weg folgen.

Liebe ist eine Art von Energie. Der buddhistische Übungsweg führt uns dahin, sie wahrzunehmen, wenn sie vorhanden ist, und zu erkennen, ob es sich um wahre Liebe handelt oder nicht.

Liebe in diesem Sinn kann auch als Vertrauen beschrieben werden, denn Vertrauen ist eine Quelle von Energie, die uns Kraft und Stärke schenken kann. Liebe und Vertrauen müssen gepflegt werden. Sie sind keine bloßen Ideen; sie haben nichts damit zu tun, dass wir uns bestimmten Anschauungen oder Dogmen gegenüber verpflichtet fühlen. Liebe wie Vertrauen sind etwas Lebendiges. Im Verlauf des Liebens lernen wir viel: Unsere Liebe gewinnt an Kraft, wir machen weniger Fehler. Unsere Fähigkeit, selber glücklich zu sein und andere glücklich zu machen, nimmt zu. Dadurch wiederum stärken wir unser Vertrauen in unsere Liebesfähigkeit. Vertrauen entsteht also aus sehr konkreten Elementen – aus unserer wahren spirituellen Erfahrung, aus der Erfahrung, die wir in unserem täglichen Leben machen. Vertrauen in diesem Sinn bedeutet nicht, sich in Ideen, Dogmen oder Doktrinen zu verfangen. Vertrauen ist das Resultat unserer Lebensführung. Es wächst. Und so wie unser Vertrauen wächst, so wächst in uns auch die Energie der Liebe, denn Vertrauen ist der Energie der Liebe gleichzusetzen. Schauen wir tief in die Natur unserer Liebe, so erkennen wir darin auch unser Vertrauen. Ist Vertrauen in uns, so haben wir vor nichts mehr Angst.

Menschen, die niemandem und nichts vertrauen können, leiden am meisten. Sie leben in völliger Verwirrung, und ihnen bleibt alles Schöne, Wahre und Gute verborgen. Das ist die äußerste Art von Leiden.

Wer vollkommen ohne Vertrauen lebt, wird zu einer Art unruhigem Geist, der ziellos herumirrt. Sein Leben erscheint ihm als sinnlos, und er weiß nicht, was er tun und wohin er gehen soll. Deshalb besteht die Gefahr, dass ein solcher Mensch sich physisch und geistig völlig ruiniert. Heutzutage gibt es so viele Möglichkeiten zur Selbstzerstörung.

DIE GEBURT WAHREN VERTRAUENS

Genauso wie es einen Unterschied zwischen wahrer Liebe und der Art von Liebe gibt, die nur Leiden und Verzweiflung mit sich bringt, so lässt sich das auch vom Vertrauen sagen. Es gibt eine Art von Vertrauen, die uns Halt gibt und stärkt und uns andauernde Freude empfinden lässt. Und dann gibt es ein Vertrauen, das eines Tages schwinden und uns vollkommen allein und verloren zurücklassen kann.

Wenn Vertrauen in dir ist, hast du den Eindruck, wirkliche Einsicht gewonnen und die Wahrheit und den Pfad erkannt zu haben, den du einschlagen und dem du folgen musst. Wenn das tatsächlich so ist, bist du ein glücklicher Mensch. Ist es aber wirklich der wahre Pfad, oder klammerst du dich einfach nur an bestimmte Glaubensinhalte? Das sind zwei verschiedene Dinge. Hast du den wahren Pfad eingeschlagen, so wirst du täglich Glück und Liebe verspüren, und daraus erwächst Vertrauen. Du lässt nicht locker in deinem Bemühen zu lernen, so dass dein eigenes Glück und dein eigener Frieden wie auch das Glück und der Frieden deiner Mitmenschen gestärkt werden können. Es ist nicht nötig, dass du einem bestimmten religiösen Pfad folgst, um Vertrauen zu haben. Einen falschen Weg schlägst du aber ein, wenn du dich einfach nur blind bestimmten Ideen und Dogmen anvertraust.

Das ist kein richtiges Vertrauen. Zwar erwächst auch aus diesem Vertrauen eine gewisse Energie, aber es ist eine blinde Energie, die dich Fehler machen lässt und die für dich und deine Mitmenschen Leiden mit sich bringen kann. Die rechte Art von Energie ist die, die dich geistig klar und tolerant bleiben lässt und die deiner Liebe Nahrung gibt. Wir müssen unterscheiden zwischen wahrem Vertrauen und blindem Vertrauen. Das ist für jede spirituelle Tradition ein Problem.

Der Lehre des Buddha zufolge baut Vertrauen auf Einsicht oder unmittelbarer Erfahrung auf. Jeder Lehrer und jede Lehrerin will sein oder ihr Wissen weiterreichen an die jungen Menschen, die bei ihnen lernen. Jedoch kann nur die Idee vermittelt werden, nicht aber die Erfahrung. Die Erfahrung muss jeder Mensch selber machen. Das Problem ist, dass eine Erfahrung nicht begrifflich mitgeteilt werden kann; einfach nur Ideen und Vorstellungen zu vermitteln, ist der falsche Weg. Die Schüler und Schülerinnen müssen dahin gebracht werden, dass sie die gleiche Art von Erfahrung selbst machen können. Statt jemandem zu beschreiben, wie eine Mango schmeckt, ist es besser, der betreffenden Person ein Stück der Frucht anzubieten, so dass sie ihren Geschmack unmittelbar erfahren kann. Es ist denkbar, dass du ein Buch über Zen schreiben möchtest und zu diesem Zweck eine Menge Studien treibst. Du liest vielleicht hundert oder sogar zweihundert Bücher über Zen und bringst das daraus gewonnene Wissen in dein Buch ein. Das Buch wird für seine Leser aber nicht besonders gewinnbringend sein, denn es ist nicht aus deiner eigenen lebendigen, unmittelbaren Erfahrung heraus entstanden.

Erleuchtung, Freiheit und Transformation werden nur durch unmittelbare Erfahrung, nicht aber durch intellektuelles Begreifen bewirkt. *Wahres* Wissen ist das tiefe Verstehen von dem, was als das Objekt unserer Wahrnehmung vorhanden ist. Auch Einsicht gewinnen wir aus unmittelbarer Erfahrung. Einsicht stellt sich nicht dadurch ein, dass sich im Gespräch mit einem anderen Menschen eine bestimmte begriffliche Vorstellung in uns entwickelt. Erwächst in uns aber während dieses Gesprächs wirkliches Verstehen, so haben wir eine unmittelbare Erfahrung gemacht. Einsicht wird aus uns selbst geboren und nicht aus dem, was der andere sagt.

Die Verwirrung und das Leiden in dir spielen eine sehr wichtige Rolle, denn Erleuchtung, Glück und Einsicht sind nur möglich auf der Basis von Leiden und Verwirrung. Dass eine Lotusblume blühen kann, ist dem Schlamm zu verdanken, sagt der Buddha. Pflanzt du den Lotus auf Marmor, so wird er sterben.

Als Buddhist oder Buddhistin solltest du noch einmal überprüfen, ob denn wirklich wahres Vertrauen in dir ist. Vertrauen im buddhistischen Sinn bedeutet nicht, einfach nur einer Vorstellung oder einer Idee zu vertrauen. Betrachtest du einen Tisch, so entwickelt sich in dir eine bestimmte Vorstellung von ihm; du nimmst ihn in einer bestimmten Weise wahr. In Wirklichkeit aber mag sich der Tisch von deiner Vorstellung erheblich unterscheiden. Wichtig ist, dass du eine *unmittelbare* Erfahrung von dem Tisch bekommst. Damit das möglich ist, musst du dich von allen Vorstellungen, die du von ihm hast, befreien.

Wir hängen vielen falschen Vorstellungen und Ideen an. Es ist riskant, an sie zu glauben, denn es ist möglich, dass wir eines Tages feststellen müssen, dass unsere Idee, unsere Vorstellung, unsere Wahrnehmung falsch waren. Dann können sie zu einer Gefahr für uns werden.

Lasst uns beispielsweise einmal über unsere Vorstellung vom Glück nachdenken. Jeder von uns, ob jung oder alt, hat eine Vorstellung von dem, was ihn oder sie glücklich machen könnte. Wir meinen, nur dann glücklich sein zu können, wenn wir dieses oder jenes bekommen, und dass Glück ohne diese Dinge nicht möglich ist. Die meisten von uns sind wohl dieser Meinung.

Stell dir vor, jemand fragt dich: „Was, glaubst du, ist eine unabdingbare Voraussetzung für dein Glück?" und bittet dich, ein wenig darüber nachzudenken und das Ergebnis deiner Reflexion auf einen Zettel zu schreiben. Das ist eine wunderbare Gelegenheit für uns, unsere Vorstellung vom Glück noch einmal gründlich zu überprüfen. Der Lehre des Buddha zufolge ist es denkbar, dass die Vorstellung, die wir uns vom Glück machen, die Ursache dafür ist, dass wir *nicht* glücklich sind. Dieser unserer Vorstellung ist es zuzuschreiben, dass wir möglicherweise unser ganzes Leben lang unglücklich bleiben. Deshalb ist es so entscheidend, sich von allen Vorstellungen zu befreien. Dann ist es möglich, das Tor zu *wahrem* Glück zu öffnen, das bereits jetzt in und um uns herum vorhanden ist.

Wenn du einer bestimmten Vorstellung vom Glück anhängst, bist du deiner Freiheit beraubt und wirst möglicherweise dein Leben lang nicht glücklich. Du meinst, nur dann glücklich sein zu können, wenn deine Vorstellung vom Glück sich realisiert. Aus dem Grund sind Vorstellungen Hindernisse. Es gibt viele Möglichkeiten, Glück zu erfahren, aber du hast dich auf eine einzige festgelegt. Damit sind dir alle anderen verloren gegangen. Welch ein Verlust! Ein junger Mann mag denken: „Wenn ich dieses Mädchen nicht heiraten kann, möchte ich lieber sterben. Ohne sie werde ich mein Leben lang unglücklich sein." Der junge Mann braucht aber nicht zu sterben. Es gibt andere Möglichkeiten, um glücklich zu sein. Er begeht den Fehler, sich auf eine einzige Vorstellung festzulegen und zu meinen, Glück sei allein durch das Zusammenleben mit diesem einen Menschen erreichbar.

Genauso wie der einzelne Mensch vermögen auch Völker und Staaten eine bestimmte Vorstellung vom Glück zu entwickeln. In letzterem Fall glaubt eine ganze Gruppe von Menschen, ihr Land würde Glück erfahren, wenn nur gewisse Ideen realisiert würden. Dazu mag ein bestimmtes ökonomisches oder theologisches Programm oder eine Ideologie gehören. Der Glaube an diese Idee führt möglicherweise dazu, dass die politischen Führer des betreffenden Gemeinwesens eine große Entschlossenheit entwickeln, diese Idee um jeden Preis zu verbreiten und durchzusetzen. Jeder andersgearteten Vorstellung vom Glück widersetzen sie sich vehement; ihre Einstellung zum Glück hat etwas Totalitäres. Es ist denkbar, dass unter diesen Umständen eine Regierung oder eine Partei sich aller Mittel ihrer Macht bedient, um ihre Idee durchzusetzen und zu verwirklichen. Vielleicht dauert es siebzig oder hundert Jahre, um diese Idee zu erproben. Das mag zur

Folge haben, dass während dieser Zeit die in dem betreffenden Land lebenden Menschen Unmenschliches erleiden müssen. In der ehemaligen Sowjetunion wurden viele in psychiatrische Kliniken gesteckt, nur weil sie mit der vom Staat verordneten Idee vom Glück nicht einverstanden waren. Dem Zwang, sich der von den Mächtigen verfügten Vorstellung unterzuordnen, fielen viele Menschen zum Opfer. Wahres Glück wurde preisgegeben.

Mag sein, dass ein Land zu irgendeiner Zeit einmal aufwacht und erkennt, dass seine Vorstellung vom Glück falsch ist, dass sie in bestimmter Hinsicht nicht mit der bestehenden Wirklichkeit übereinstimmt, dass die Bedürfnisse und Sehnsüchte der Menschen außer Acht gelassen werden. Vielleicht hat der Staat den Wunsch, dass seine Bürger Helden werden; die Bürger aber wollen das nicht. In dem Augenblick, da die bestimmte Vorstellung vom Glück aufgegeben wird, hat das Land wieder eine neue Chance. Wenn die Menschen jedoch nicht aus dem Leiden in der Vergangenheit lernen, werden sie den gleichen Fehler immer wieder aufs Neue begehen und sich nur eine andere Vorstellung vom Glück zu eigen machen. Wie lange sie dieser neuen Vorstellung vom Glück anhangen werden, wissen wir nicht. Vorstellungen zu haben ist also immer gefährlich. Der buddhistische Übungsweg zeigt uns, wie wir uns von Vorstellungen und Wahrnehmungen befreien können, auch von Vorstellungen und Wahrnehmungen über unser eigenes Glück.

Es gibt etwas, was wichtiger ist als Vorstellungen und Wahrnehmungen, und das ist das unmittelbare Erfahren von Leiden und von Glück. Erwächst unser Vertrauen aus solch einer unmittelbaren Erfahrung und aus Einsicht, dann ist es wahres Vertrauen; es wird uns niemals Leiden bringen. Wir haben vor einiger Zeit über das Herstellen von Tofu gesprochen. Ich könnte viele andere Beispiele anführen. Stell dir vor, du hast gelernt, Obstkuchen zu backen. Du hast das schon des öfteren getan, und aufgrund deiner Erfahrung vertraust du nunmehr deiner Fähigkeit, einen solchen Kuchen backen zu können. Du bist zuversichtlich, was das Obstkuchenbacken betrifft. Eines darfst du aber nicht vergessen: Es gibt vielleicht noch bessere Methoden, diesen Kuchen zu backen; andere Menschen mögen es noch besser können als du. Deine Kunst des Backens lässt sich immer weiter verbessern.

Angenommen, irgend etwas hat dich sehr leiden lassen, und du hast dich von dem Leiden befreien können. Vielleicht hast du den Weg, aus diesem Leiden herauszukommen, selbst entdeckt; vielleicht haben ihn dir ein Lehrer oder eine Lehrerin oder ein Bruder oder eine Schwester finden helfen. Auf alle Fälle hat diese Entdeckung es dir möglich gemacht, dein bestimmtes Leiden zu überwinden. Zu leiden und zu wissen, wie du dieses Leiden loswerden kannst, ist eine wirkliche Erkenntnis. Du gewinnst Vertrauen, dass du auch in Zukunft wissen wirst, wie du dem Leiden begegnen musst, damit du es überwinden kannst. Das ist Einsicht, unmittelbare Erfahrung; und beides sind die Elemente, auf denen wahres Vertrauen gründet.

Du hast die Gehmeditation erlernt. Du weißt, wie du gehen musst, um im gegenwärtigen Augenblick zu verweilen; du weißt, wie dein achtsames Atmen mit deinen Schritten zu verbinden ist. Du hast schon des öfteren Gehmeditation praktiziert, und auf Grund deiner Erfahrung weißt du, dass sie dich von deinen negativen Energien befreien kann, unter denen du leiden musst, wenn du aufgebracht oder zornig bist. Du spürst eine große Erleichterung, wenn du eine halbe Stunde oder vierzig Minuten lang Gehmeditation machst, sobald Ärger oder Unruhe oder Verzweiflung in dir aufkommen. Dann wird dir klar, wie unerlässlich die Gehmeditation für dich geworden ist. Du weißt, dass du die Gehmeditation niemals aufgeben wirst, ganz gleich, was dir widerfahren wird. Die Erfahrung zeigt dir auch, dass die Gehmeditation dir Kraft verleihen und Freude bringen und Transformation bewirken kann. Hast du Vertrauen in die Gehmeditation, so bedeutet das nicht, einer Idee oder Vorstellung Vertrauen zu schenken. Dein Vertrauen basiert auf unmittelbarer Erfahrung. Das Einzige, was du nicht vergessen darfst, ist, dass sich die Kunst des achtsamen Gehens ständig verbessern lässt und dass dann die Wirkung noch tiefer sein kann.

Das Gleiche gilt, wenn wir dem Klang der Glocke lauschen, wenn wir unsere Achtsamkeit auf unseren Atem richten oder wenn wir Sitzmeditation praktizieren. Wir dürfen niemals denken: „Es gibt keine bessere Art, Sitzmeditation durchzuführen, als die meine" oder: „Ich kenne jetzt die beste Art, achtsam zu gehen" oder: „Meine Methode, mit meinem Ärger fertig zu werden, ist die beste." Ja, uns ist klar geworden, wie wir mit Ärger umzugehen haben, wie Gehmeditation uns von unserem Leiden befreien kann und wie wir, allein dadurch, dass wir sitzen und lächeln, Lebensfreude erfahren können. Uns muss gleichzeitig aber immer bewusst sein, dass sich unsere Methoden ständig verbessern lassen. Unser Vertrauen ist etwas Lebendiges, nichts Statisches. Unser Vertrauen ist etwas Lebendiges – genauso wie ein Baum oder ein Vogel.

Paris ist etwas Lebendiges; die Vorstellung, die du dir von Paris machst, ist es aber nicht. Du machst dir ein Bild von Paris; du glaubst, die Stadt zu kennen. Paris aber verändert sich Tag und Nacht. Selbst wenn du schon zwanzigmal in Paris gewesen bist, selbst wenn du zwei Jahre hintereinander in Paris gelebt hast, kann deine Vorstellung von Paris niemals das Paris-an-sich sein. Paris ist ein lebender Organismus, und dein Bild von Paris ist gewissermaßen nur eine in einem bestimmten Augenblick und aus einer bestimmten Perspektive gemachte Fotografie.

Vertrauen ist also etwas Lebendiges, und als solches ist es der Veränderung unterworfen. Wir müssen es unserem Vertrauen gestatten, sich zu wandeln. Das bedeutet nicht, dass ich heute diesem und morgen jenem mein Vertrauen schenke. Ein ein Jahr alter Zitronenbaum ist ein Zitronenbaum, ein drei Jahre alter Zitronenbaum aber ist gleichfalls ein Zitronenbaum. Wahres Vertrauen ist immer wahres Vertrauen. Da Vertrauen aber etwas Lebendiges ist, wächst es und verändert sich. Wenn wir das erkennen und wissen, wie wir mit unserem Vertrauen und damit auch mit unserer Liebe umgehen müssen, werden wir unser Leiden überwinden.

Wenn wir glauben, dass etwas Bestimmtes die absolute Wahrheit verkörpert, sind wir eingeengt und begrenzt. Wir machen uns gewissermaßen dicht und verschließen uns vor den Einsichten und Erkenntnissen anderer Menschen. Das hat damit zu tun, dass das Objekt unseres Vertrauens lediglich eine Idee ist und nichts Lebendiges. Basiert unser Vertrauen hingegen auf unserer unmittelbaren Erfahrung und unserer Einsicht, so sind wir aufgeschlossen und offen. Wir machen täglich Fortschritte auf unserem Übungsweg, erfahren den Gewinn unseres Übens und erleben, wie unser Vertrauen, unsere Liebe und unser Glück an Kraft gewinnen.

Es gibt Menschen, die ihren Glauben dazu missbrauchen, zahllose andere Wesen zu verfolgen – im Namen der Liebe! Wenn ich fest davon überzeugt bin, dass meine Vorstellung von Gott, vom Glück, vom Nirvana die einzig richtige ist, dann werde ich unter Umständen alles tun, um diese Idee auch dir aufzudrängen. Ich werde behaupten, du könnest nicht glücklich sein, wenn du nicht das Gleiche glaubst wie ich. Doch indem ich dir meine Vorstellungen überzustülpen versuche, zerstöre ich dich. Ich mache dich für dein ganzes Leben unglücklich. Wenn unser Vertrauen und unsere Liebe nicht auf wahrer Einsicht beruhen und ihnen nicht die unmittelbare Erfahrung von Leiden und Glück zugrunde liegt, sind sie nur Vorstellungen und Ideen. Dann ist es vorstellbar, dass wir uns im Namen des Glaubens und der Liebe gegenseitig zerstören.

Sich vom Glück eine Vorstellung zu machen ist also gefährlich, genauso wie es gefährlich ist, sich von Gott oder vom Nirvana ein Bild zu machen. Eines Tages gebrauchte ein Zen-Lehrer während seines Vortrags das Wort *Buddha*. Weil er achtsam war, hielt er einen Augenblick inne und sagte: „Es widerstrebt mir, das Wort *Buddha* zu gebrauchen. Ich reagiere allergisch auf das Wort. Wisst ihr was, liebe Freunde? Sooft ich das Wort *Buddha* verwende, gehe ich ins Badezimmer und spüle mir den Mund mindestens dreimal aus." Das ist die Sprache des Zen.

Das Wort *Buddha* und die Vorstellung vom Buddha haben viele Missverständnisse hervorgerufen und bei vielen Menschen Leiden verursacht. Machst du dir ein Bild vom Buddha? Ich fürchte, dass du das tust. Sei vorsichtig! Vor drei Jahren hattest du eine bestimmte Vorstellung vom Buddha, und heute, nach drei Jahren des Praktizierens, hast du eine andere. Vielleicht ist diese besser, aber es ist immer noch eine Vorstellung.

Nachdem der Zen-Lehrer seine Schwierigkeit dargelegt hatte, erhob sich ein Mann aus dem Kreis der Zuhörer und sagte: „Meister, auch ich reagiere allergisch auf das Wort *Buddha*. Sooft ich jemanden dieses Wort aussprechen höre, muss ich aufstehen, zum Fluss gehen und meine Ohren dreimal waschen." Damit wollte er zum Ausdruck bringen, dass auch er, genau wie sein Lehrer, sich befreit hatte von dem Wort Buddha und keiner Vorstellung vom Buddha mehr anhing. Diese für das Zen typische Sprache gibt uns zu verstehen, dass wir uns von Wörtern und Begriffen nicht gefangen nehmen lassen dürfen.

Leben ist etwas so Kostbares! Es ist zu kostbar, als dass wir es zugunsten von Vorstellungen und Ideen aufs Spiel setzen dürften. Oftmals sind nur Wörter, Begriffe und Vorstellungen unsere geistige Nahrung, und das nicht nur für einige Tage, sondern unser ganzes Leben lang. Bitte denkt darüber nach! Wörter wie ‚Nirvana', ‚Buddha', ‚Gott', ‚Jesus', ‚Reines Land' und ‚Reich Gottes' sind nichts anderes als Begriffe, als Vorstellungen. Wir müssen sehr achtsam damit umgehen. Niemals dürfen wir dieser Begriffe oder Vorstellungen wegen einen Krieg beginnen und andere Menschen töten.

DAFÜR SORGEN, DASS DAS KIND GENÄHRT WIRD

Ich möchte ein wenig über die Fünf Fähigkeiten sprechen, die in der buddhistischen Tradition gelehrt und praktiziert werden. Die erste Fähigkeit, die uns allen innewohnt, ist ‚Vertrauen'. Vertrauen zu haben ist außerordentlich wichtig. Vertrauen ist eine Art von Energie, die uns wahrhaft lebendig macht. Schau in die Augen eines Menschen, der nichts und niemandem vertraut. Du erkennst sofort, dass kein Leben, keine Vitalität in ihm ist. Wäre die Energie des Vertrauens in ihm lebendig, so könntest du das an seinem Gesicht, seinen strahlenden Augen und seinem Lächeln erkennen. Wir dürfen es uns nicht erlauben, ohne Vertrauen durchs Leben zu gehen, denn seine Energie schenkt uns Kraft.

Die Fünf Fähigkeiten können sich nämlich zu fünf Kräften entwickeln. Vertrauen ist auch eine Kraft. Diese Kraft lässt uns aktiv werden, lässt uns alle Müdigkeit überwinden und Probleme und Schwierigkeiten aus dem Weg räumen.

Aus der Energie des Vertrauens erwächst ‚Tatkraft', die zweite Fähigkeit und Kraft. Du entwickelst Aktivität und verspürst bei all deinem Tun Freude – an der Gehmeditation wie an der Sitz- und Teemeditation. Du bist gern bereit, anderen Menschen dabei zu helfen, ihr Leiden zu transformieren, und bringst sie dazu, mit Freude zu praktizieren. Du selbst bist freudig dabei, die positiven Samen in deinem Bewusstsein zu stärken und die negativen zu reduzieren. Dein Vertrauen spornt dich zu solch tatkräftigem Handeln an. Und damit erwächst in dir eine weitere Art von Energie: ‚Achtsamkeit', die dritte Fähigkeit und Kraft.

Achtsamkeit kann als das Kernstück buddhistischer Meditation beschrieben werden. Achtsamkeit verhilft dir dazu, völlig präsent zu sein, ganz im gegenwärtigen Augenblick zu leben, Körper und Geist zu einer Einheit verschmelzen zu lassen. Achtsamkeit macht es dir möglich, jeden Augenblick deines täglichen Lebens tief zu erleben. Du bist achtsam, wenn du gehst, wenn du Tee trinkst, wenn du mit deinem Freund, deiner Freundin, deinem Bruder oder deiner Lehrerin zusammensitzt. Dir ist bewusst, dass diese Augenblicke des Zusammenseins kostbare Augenblicke sind und dass es etwas Wunderbares ist, zusammen mit der Sangha Tee zu trinken. Dass du das alles tief erleben kannst, ist Ausdruck des Vorhandenseins von Achtsamkeit. Achtsamkeit verhilft dir dazu, vollkommen lebendig zu werden und jeden Augenblick deines täglichen Lebens tief zu erleben. Achtsamkeit verhilft dir dazu, mit den kraftspendenden und heilkräftigen Wundern des Lebens in Berührung zu kommen; sie sorgt dafür, dass du dein Leiden umarmen und in Freude und Freiheit verwandeln kannst.

Die buddhistische Lehre besagt, dass wirkliches Leben nur im gegenwärtigen Augenblick verfügbar ist. Wenn du zerstreut bist, wenn dein Körper und dein Geist keine Einheit bilden, dann verpasst du deine Verabredung mit dem Leben. Ist jedoch die Energie der Tatkraft in dir, so wird Achtsamkeit die Frucht deines Praktizierens sein. Es ist tatsächlich so, dass sich ohne Tatkraft keine Achtsamkeit entwickeln kann.

Da, wo Achtsamkeit vorhanden ist, ist auch eine weitere Art von Energie wirksam: die Energie der ‚Konzentration', der ‚Sammlung' – die vierte Fähigkeit oder Kraft. Trinkst du deinen Tee voll Achtsamkeit, so sind dein Körper und dein Geist auf eine einzige Sache allein ausgerichtet: dein Teetrinken. Tust du das, was du tust, voll konzentriert, d.h. mit gesammeltem Geist, so kannst du mit allem, was ist, in unmittelbare Berührung kommen, und beginnst, es in seiner ganzen Tiefe zu verstehen. Das ist wahre Einsicht. Stell dir vor, dein Körper und dein Geist befinden sich in vollkommener Harmonie und du betrachtest, ohne zerstreut zu sein, ein Blatt oder eine Blume. Da du in der Lage bist, eins zu werden mit ihnen, d.h. sie tief zu berühren, ihnen tief zu lauschen und tief in ihre Natur zu schauen, erwächst Verstehen in dir, Einsicht in das, was Blume und Blatt ihrer wahren Natur nach sind. Alles kann zum Objekt für deine Konzentration werden, alles bietet sich an, damit du es mit gesammeltem Geist betrachtest: eine Blume, ein Mensch, eine Wolke, dein Kaffee, dein Brot – einfach alles.

Diese Art von Verstehen, ‚Einsicht', auch ‚Weisheit' genannt, ist die fünfte der Fünf Fähigkeiten oder Kräfte. Einsicht ist die Frucht unmittelbaren Erfahrens. Die Blume oder der Mensch, auf die du deine Achtsamkeit richtest, in die du mit gesammeltem Geist tief schaust, bleiben nicht länger nur eine Vorstellung oder eine Idee, sondern du erfährst sie in ihrer ursprünglichen Wirklichkeit. Wenn du mit einem anderen Menschen zusammenlebst, von seinen wahren Bedürfnissen und Sehnsüchten aber nichts weißt, dann lebst du nur mit deiner *Vorstellung* von diesem Menschen zusammen, nicht aber mit seiner Wirklichkeit. Darum sagte ich zuvor, dass Vertrauen nicht auf Vorstellungen und Ideen basiert, sondern auf Einsicht und unmittelbarer Erfahrung.

Du hast dein Leiden durchlebt, du hast deine Freude durchlebt, du bist mit dem, was ist, in unmittelbare Berührung gekommen – aus alledem baust du dein Vertrauen auf. Hat dein Vertrauen ein solches Fundament, so kann niemand es dir wieder wegnehmen; es kann nur wachsen und an Kraft gewinnen. Wenn du dieser Art von Vertrauen in dir Nahrung gibst, wird aus dir niemals ein Fanatiker werden, denn es ist wahres Vertrauen und nicht ein Sich-Festklammern an einer Vorstellung.

Du weißt, dass du die Idee oder Vorstellung, die du vom Buddha hast, transzendieren kannst, indem du den Buddha unmittelbar erfährst. Wie aber kannst du den Buddha unmittelbar als Wirklichkeit und nicht als etwas nur Vorgestelltes erfahren? Du kannst es nicht, wenn du dich nur *intellektuell* mit seinem Leben und seiner Lehre beschäftigst, und tätest du das auch zehn Jahre lang. Der Buddha ist etwas Lebendiges; er lässt sich nur mit Hilfe der Achtsamkeit im Hier und Jetzt erfahren. Das, was einen Buddha auszeichnet, ist sein Erwachtsein. Buddha bedeutet der ‚Erwachte'.

Siddhartha Gautama wurde nicht zum Buddha, weil er an dem oder jenem Ort geboren wurde, weil er einen bestimmten Namen trug und der Sohn von Suddhodana und seiner Frau Mahamaya war. Siddhartha wurde zum Buddha, weil die Kraft der Erleuchtung in ihm war. Was ist Erleuchtung? Ich muss es noch einmal sagen: Die *Vorstellung* von Erleuchtung ist *nicht* Erleuchtung. Wenn du beginnst, wirklich zu *verstehen*, wenn du dich von einer Idee oder Vorstellung hast freimachen können – das ist Erleuchtung. Schau tief in dich selbst hinein, und du wirst erkennen, dass der Same für Erleuchtung auch in dir schlummert. Auch du hast in der Vergangenheit schon viele Male

Erleuchtung erfahren können. Erinnere dich daran, wie du dich Illusionen hingegeben hattest und dadurch leiden musstest; und wie in dem Augenblick, da du diese Illusionen und falschen Wahrnehmungen durchschauen und dich von ihnen befreien konntest, Erleuchtung in dir geboren wurde. Sag nicht, dir wäre Erleuchtung fremd. Du hast sie erfahren und kennst sie.

Wenn du, während du Kaffee trinkst oder dein Kind an die Hand nimmst und mit ihm spazieren gehst, wirklich da bist, ganz präsent und gesammelt, dann nimmt deine Freude an Kraft zu. Dann verstehst du besser, was um dich herum geschieht. In dir ist ja Achtsamkeit; in dir ist Konzentration, dein Geist ist gesammelt. Und deine Achtsamkeit, dein gesammelter Geist und deine Einsicht bewirken, dass deine Freude und dein Frieden an Intensität zunehmen. Das hat universale Gültigkeit. Du kannst viel tun, damit diese Kräfte in dir wachsen. Du kannst sie zu einem Fundament deines Handelns machen, zum Fundament deines Praktizierens, zum Fundament deines ganzen Lebens – zu deinem geistigen Erbe. Tust du das, so wirst du feststellen, wie unendlich reich du in spiritueller Hinsicht bist.

Jeder von uns hat schon Leid erfahren, das ist natürlich. Durch unser Leiden haben wir viel gelernt, aber haben wir daraus auch Nutzen gezogen? Haben wir Einsicht gewonnen?

Achtsamkeit ist die Energie, die die Energie von Konzentration und Einsicht in sich trägt. Wir alle wissen, dass wir achtsam sein können. Beim Teetrinken ganz im Hier und Jetzt sein und den Vorgang des Trinkens in allen Einzelheiten wahrnehmen – das ist achtsames Trinken. Beim Einatmen wissen, dass wir einatmen, und ganz tief spüren, wie der Atem durch die Nase eingezogen wird und wieder ausströmt – das ist achtsames Atmen. Mit der Sangha Gehmeditation praktizieren und dabei den gegenwärtigen Augenblick bewusst erfahren, bei jedem Schritt Freude empfinden, Freude auch daran, dass die Sangha uns begleitet – das ist achtsames Gehen. Sagt also nicht, Achtsamkeit wäre euch fremd!

Wir alle sind imstande, Achtsamkeit zu entwickeln; und wenn wir nur ein, zwei oder drei Wochen zusammen mit unserer Sangha praktizieren, nähren und kultivieren wir bereits diese Energie in uns. Sie wird stärker und bewirkt, dass unser Geist gesammelter und einsichtiger wird. Und darauf bauen unser Vertrauen, unsere Liebe und unser Glück auf.

Deine Achtsamkeit und dein gesammelter Geist sind der Buddha in dir. Du brauchst nicht 2500 Jahre zurückzugehen, um dem Buddha nahe zu kommen. Du brauchst nur zu sitzen und die Energie der Achtsamkeit und Konzentration in dir zu berühren. Dann ist der Buddha dir nahe, dann bist du der Buddha. Wenn du täglich mit Eifer praktizierst, kultivierst du diese kostbaren Energien in dir. Du weißt, dass dein Verstehen, deine Toleranz, deine Freundlichkeit und deine Liebe von diesen Energien abhängen. Du weißt, dass der Buddha kein bloßes Wort ist und keine Vorstellung. Der Buddha ist eine Wirklichkeit, mit der du jeden Tag in Berührung kommen kannst. Ist diese Art von Vertrauen in dir, so wirst du niemals totalitären Vorstellungen erliegen. Du wirst niemals versucht sein, anderen deine Ideen und Vorstellungen aufzuzwingen, denn dein Vertrauen ist *wahres* Vertrauen.

DAFÜR SORGEN, DASS DAS KIND GEBOREN WIRD

Es ist angebracht, am Weihnachtsabend über Vertrauen zu sprechen, über Energie, über den Heiligen Geist. Für mich ist der Heilige Geist Vertrauen, er ist Achtsamkeit, er ist Liebe. Der Heilige Geist ist stets in uns vorhanden. Wir können ihn manifest werden lassen, indem wir es lernen, ihn zu berühren und zu kultivieren, genauso wie wir es mit der Achtsamkeit tun.

Nachdem er von Johannes dem Täufer im Jordanfluss getauft worden war, zog Jesus in die Wüste, wo er vierzig Tage lang blieb, um den Heiligen Geist in sich zu stärken. Während dieser vierzig Tage muss er meditierend gesessen haben und gegangen sein. Bedauerlicherweise berichten die Evangelien nicht, auf welche Weise er das getan hat. Aber bestimmt hat Jesus Sitz- und Gehmeditation praktiziert.

Die Evangelien beschreiben, wie der Himmel sich öffnete, als Johannes Jesus taufte, und wie der Heilige Geist wie eine Taube zu ihm herabfuhr und in ihn einströmte. Fortan konnte Jesus Wunder vollbringen und den Menschen Kraft schenken und sie heilen.

Die Samen des Heiligen Geistes liegen in uns allen, wir müssen ihnen nur Nahrung geben und sie hegen und pflegen, damit sie sich entwickeln können. Mit der Taufe ist uns die Gelegenheit gegeben zu erkennen, dass die Energie des Heiligen Geistes bereits in uns vorhanden ist. Getauft werden bedeutet: sich des Heiligen Geistes bewusst werden und ihn in sich berühren. Während der Taufzeremonie bekreuzigen sich die Kirchgänger, um sich an die Gegenwart Gottes zu erinnern: an Gott, den Vater, an Gott, den Sohn, und an Gott, den Heiligen Geist.

Während des Taufaktes wird in der katholischen Tradition der Kopf des Täuflings mit geweihtem Wasser besprengt oder begossen. In der christlich-orthodoxen Tradition wird er ganz in Wasser getaucht. Dieses Ritual soll den zu Taufenden den Weg in ein spirituelles Leben öffnen; es zielt darauf ab, ihnen zu helfen, den Samen des Heiligen Geistes, der bereits in ihnen schlummert, zu berühren.

Vor fast zweitausend Jahren wurde der Welt das Kind Jesus geboren. Jesus Christus wird auch heute noch geboren, sooft du den Samen des Heiligen Geistes in dir berührst.

Für einen Menschen, der den Dharma praktiziert, gilt das Gleiche. Sooft du den Samen der Achtsamkeit berührst und Achtsamkeit sich in dir manifestiert, fühlst du dich wie neugeboren. Im Zustand des Zerstreutseins sind Körper und Geist voneinander getrennt. Du lebst nicht wirklich, wenn du dich in der Zukunft oder in der Vergangenheit verlierst. Wirklich lebendig wirst du erst dann, wenn du den Samen der Achtsamkeit in dir berührst – dann finden Körper und Geist wieder zusammen. Du wirst wiedergeboren. Jesus Christus wird wiedergeboren. Der Buddha wird wiedergeboren.

Hör auf zu denken, wenn die Meditationsglocke erklingt. Hör auf zu sprechen – die Glocke rettet dich und bringt dich zurück zu deinem wahren Zuhause, in dem der Heilige Geist und die Achtsamkeit lebendig sind. Dort wirst du wiedergeboren. Dank der Glocke und dank deiner Sangha wirst du mehrmals am Tag wiedergeboren. Wir sterben so oft am Tag. Wir verlieren uns so oft am Tag. Doch dank der Sangha und dank unseres Praktizierens finden wir immer wieder zum Leben zurück. Wenn du dich nicht um Achtsamkeit bemühst, verlierst du Tag für Tag dein Leben und hast keine Chance, wiedergeboren zu werden. Erlösung und Auferstehung sind weder bloße Begriffe noch Objekte des Glaubens. Sie sind unsere tägliche Praxis. Wir üben auf eine Weise, dass in jedem Augenblick unseres täglichen Lebens der Buddha und Jesus Christus wiedergeboren werden – nicht nur am Heiligen Abend. Das ist an jedem Tag möglich, in jeder Minute. Das Kind in uns wartet minütlich darauf, wieder und wieder geboren zu werden.

Du wirst geboren, um wieder zu sterben. Das ist eine Tatsache. Wenn du keine Sangha, keine Kirche und keinen Lehrer oder keine Lehrerin hast, die dir helfend zur Seite stehen, ist es wahrscheinlich, dass du zu keinem neuen Leben erwachst. Du magst lange Zeit tot sein, bevor du eine Chance hast, wiedergeboren zu werden. Nimm die Sangha als deine Chance, als Gelegenheit, zu neuem Leben zu erwachen. Die Sangha ist dein Leben.

Wir müssen uns darum bemühen, auf unserem spirituellen Weg stetig voranzukommen. Viele Menschen kennen nach ihrer Taufe nichts anderes, als zu sündigen und zu beichten, immer wieder aufs Neue, und danach – weiter zu leiden. Führt dieser Prozess zu einer spirituellen Weiterentwicklung? Wohl kaum! Also müssen wir unsere Lebenseinstellung ändern. Wir dürfen es uns nicht leisten, in dieser Weise weiterzumachen. Das wäre eine Tragikomödie!

Wir müssen dafür sorgen, dass unser Vertrauen wächst. Damit das geschieht, müssen wir zusehen, dass unsere Liebe wächst. Und wenn unser Vertrauen und unsere Liebe an Kraft zunehmen, erfahren wir auch mehr Glück. Wie kannst du glauben, anderen Menschen helfen zu können, glücklich, stark und stabil zu sein, wenn du selbst nicht glücklich, stark und friedvoll bist?

So lasst uns denn zusammensitzen – als Sangha, als eine Gemeinschaft von Brüdern und Schwestern –, und lasst uns tief in unser Leben schauen, damit wir erkennen, ob wir es im rechten Sinne führen. Wie können wir dafür Sorge tragen, dass wir, sooft wir neu geboren werden, an Kraft gewinnen? Wir können das tun, indem wir im täglichen Leben Achtsamkeit üben, uns um geistige Sammlung bemühen und unser Verstehen kultivieren. Dadurch werden wir offener, toleranter, und unser Vertrauen und unsere Liebe nehmen zu. Ohne unsere Sangha und ohne ständiges Praktizieren ist ein solch stetiges Wachstum nicht möglich. Stattdessen fühlen wir uns haltlos hin und her gerissen. Wir gelangen zu keinem Ziel. Das ist kein wirkliches spirituelles Leben.

DAFÜR SORGEN, DASS DAS KIND WÄCHST

Ein Lehrer oder eine Lehrerin, der/die an dir die Zeremonie der Dreifachen Zufluchtnahme oder die Übertragung der Fünf Übungswege der Achtsamkeit vornimmt, verhilft dir zum Leben. In dich hinein wird das Kind, das heilige Kind, geboren. Das ist aber nur ein Anfang, denn dein ganzes Leben lang musst du immer wieder Zuflucht nehmen. Immer wieder aufs Neue musst du Zuflucht nehmen zum Buddha, zum Dharma und zur Sangha, musst du Gott, den Vater, Gott, den Sohn, und Gott, den Heiligen Geist, in dir lebendig werden lassen. Das geschieht nicht durch das Ritual. Das Ritual ist nur ein Mittel, das den Geist berühren und wach machen soll. Du musst die Praxis in dein tägliches Leben integrieren – während du isst, während du Auto fährst, während du ein Bad nimmst oder dein Essen zubereitest.

Das muss gelernt werden, und verschiedene spirituelle Traditionen geben dir dazu die Möglichkeit.

Damit der Heilige Geist in dir an Kraft gewinnt, gibt es in der katholischen Kirche das zweite Sakrament, die Firmung. Dadurch soll dem Firmling eine Festigung im Glauben zuteil werden. Der Heilige Geist ist als Baby in dich hineingeboren worden, er muss noch stark werden. Du musst dafür sorgen, dass du ihn gut pflegst und kräftigst. Nachdem Jesus von Johannes dem Täufer getauft worden war, wusste er, dass er dieser Energie in sich Nahrung geben musste; deshalb ging er in die Wüste.

Der Bischof, der die Firmung vornimmt, legt dabei den Firmlingen die Hand auf. Seine Hand verkörpert die Energie des Heiligen Geistes, die in ihm und in der versammelten Gemeinde während des Rituals stark sein muss. Der Firmling öffnet sein Herz, so dass der Heilige Geist in ihm gestärkt wird.

Das dritte Sakrament wird in dem feierlichen Augenblick gespendet, da ein Mensch einem anderen verspricht, sich mit ihm oder ihr für ein ganzes Leben zu verbinden – als Lebensgefährte oder Lebensgefährtin. Es ist das heilige Ehesakrament.

Es ist auch möglich, dass ein Mensch sich für ein monastisches Leben entscheidet und in einer Klostergemeinschaft leben möchte, um Gott und allen Lebewesen zu dienen. Dieser Mensch empfängt dann das Sakrament der Weihe.

Wer ein solches Sakrament empfangen hat, sollte sein Leben so führen, dass es ihm (oder ihr) möglich ist, im täglichen Leben der Energie Gottes teilhaftig zu werden.

Das geschieht durch das vierte Sakrament, die Feier der heiligen Eucharistie. Dieses Sakrament soll unseren Geist offen machen für den Heiligen Geist und uns daran erinnern, dass wir ihn immer in uns lebendig sein lassen müssen. Damit das Sakrament der Eucharistie wirksam sein kann, muss der oder die Empfangende in der Lage sein, jeden Augenblick seines oder ihres Lebens in der Gegenwart Gottes zu leben – genauso wie ein buddhistisch Übender, der imstande ist, Tag und Nacht in Achtsamkeit zu verweilen, und der sich ständig vollkommen bewusst ist, was mit ihm (oder ihr) in körperlicher oder gefühlsmäßiger Hinsicht geschieht, der seine Wahrnehmungen und die Objekte seiner Wahrnehmungen bewusst registriert.

Ein weiteres Sakrament ist das der Krankensalbung. Mit ihm soll Todgeweihten geholfen werden, friedlich zu sterben und sich auf einen neuen Anfang vorzubereiten. Wie erfolgreich dieses Sakrament wirkt, hängt davon ab, ob der Sterbende sein Leben im christlichen Sinne geführt hat, und auch von der Lebenskraft desjenigen, der das Sakrament spendet. Frieden und Furchtlosigkeit sind Ausdruck seiner Wirksamkeit.

Auch wenn diese Sakramente nur zu bestimmten Gelegenheiten empfangen werden: Du solltest sie eigentlich jeden Tag erneut empfangen, nein, besser noch: jede Stunde, in jedem Augenblick deines Lebens. Trink deinen Kaffee auf eine Art und Weise, dass der Heilige Geist in dir gestärkt wird. Bereite dein Essen auf eine Art und Weise vor, dass der Heilige Geist in dir an Kraft gewinnt.

Reicht es aus, jeden Sonntag in die Kirche zu gehen? Nein! Solange die Menschen in der Kirche sind, machen sie den Eindruck von liebenswürdigen und freundlichen Menschen. Sobald sie die Kirche aber verlassen haben, ist es mit ihrer Freundlichkeit vorbei. Die paar Stunden in der Kirche können kein Gegengewicht sein zu dem Leben, das sie außerhalb der Kirche führen, wo Ärger, Verstörtheit und Destruktivität leicht die Oberhand gewinnen.

DAFÜR SORGEN, DASS DAS KIND STARK WIRD

Im Buddhismus sind der Ablauf und das Zusammenwirken geistiger Vorgänge ein wichtiges Studienobjekt; wir bekommen Wege aufgezeigt, wie wir beides kennen lernen können. Die vom Buddha gehaltenen Lehrreden machen deutlich, wie tiefgehend seine Kenntnisse über den menschlichen Geist sind. Auf unserem buddhistischen Übungsweg ist es von grundlegender Bedeutung, dass wir uns die Einsichten, die der Buddha in dieser Hinsicht gewonnen hat, zu eigen machen. Mit Hilfe unserer Achtsamkeit können wir jede geistige Formation, die in unserem täglichen Leben manifest wird – sei sie nun positiv oder negativ –, erkennen, und unsere Achtsamkeit ist es auch, die sich ihrer annimmt und um sie kümmert. Doch geht das alles nicht in Form eines Kampfes vonstatten. Während der Meditation verwandeln wir uns keineswegs in ein Schlachtfeld, auf dem das Gute das Böse bekämpft.

Wichtig ist, dass wir das dualistische Denken überwinden. In dem Augenblick, da du das schaffst, verspürst du Ruhe und Frieden in dir. Du siehst dich in die Lage versetzt, dein Leiden und deine negativen Energien auf sehr sanfte Weise zu umarmen. Der Buddhismus lehrt, dass das Negative eine nützliche Voraussetzung für das Positive ist. Es ist wie mit dem Abfall. Wenn du den Abfall zu nutzen weißt, kannst du ihn in Blumen und Gemüse verwandeln. Abfall kann zu Kompost werden, und Kompost ist ein wesentlicher Nährboden für Blumen und Gemüse. Sei also bereit, alles, was in dir ist, liebevoll zu umarmen.

Die gegenwärtig stattfindende und gewiss auch im 21. Jahrhundert noch andauernde Begegnung zwischen Buddhismus und Christentum ist etwas sehr Aufregendes. Aus dem Zusammentreffen von Anhängern beider Traditionen kann etwas Wunderbares entstehen; beide können eine Menge voneinander lernen. Wenn es zu einer echten Begegnung zwischen Buddhismus und Christentum kommt, wird sich, so wie ich es sehe, in der christlichen Tradition ein grundlegender Wandel vollziehen, so dass die kostbarsten Juwelen dieser Tradition zum Vorschein kommen können. Wenn wir das Christentum zur Einsicht in das Phänomen des ‚Interseins' bringen können und zur Erkenntnis von der Wichtigkeit nicht-dualen Denkens, wird sich bei den Menschen eine radikale Änderung in ihrer Einstellung zu dieser Tradition vollziehen, und die wertvollen Juwelen dieser Lehre werden wieder entdeckt.

„Vater unser, der du bist im Himmel, Geheiligt werde dein Name". Unser Leben hat eine Dimension, mit der wir möglicherweise noch gar nicht in Berührung gekommen sind. Es ist aber sehr wichtig, dass wir sie berühren: die Dimension des Vaters, die Dimension des Himmels. Es spielt keine Rolle, ob wir sie Nirvana oder Gottvater nennen. Wichtig allein ist, dass wir zu dieser Dimension eine Verbindung herstellen.

Lasst uns noch einmal auf das Bild von der Welle und dem Wasser zurückkommen und uns vorstellen, wir wären eine Welle auf der Oberfläche des Meeres. Stellen wir uns vor, wir würden zwar die vielen anderen Wellen um uns herum wahrnehmen, nicht aber realisieren, dass wir alle aus Wasser bestehen und dass wir alle einander enthalten – im Sinne von: Eins ist alles, alles ist eins. Was die Wellen betrifft, so gibt es Geburt und Tod, Auf und Ab, Ich und Du. Gelingt es uns aber, die letzte Dimension, das Wasser, zu berühren, so werden wir frei von diesen Vorstellungen: Geburt und Tod, Ich und Du, Auf und Ab.

Es ist jedoch nicht so, dass die Dimension des Wassers etwas von der Welle Getrenntes wäre. Entfernen wir das Wasser, so bleibt keine Welle übrig, und entfernen wir die Wellen, so ist da kein Wasser mehr. Es gibt zwei Dimensionen: die der Wellen und die des Wassers. Wenn wir zu spirituellem Leben geboren werden, fühlen wir uns ermutigt, die letzte Dimension zu berühren, die Dimension des Vaters. „Vater unser, der du bist im Himmel, Geheiligt werde dein Name." In diesem Zusammenhang ist mit ‚Vater' natürlich nicht dein leiblicher Vater gemeint; der brauchte ja eine Frau, um dich zu zeugen. Er brauchte einen Arbeitsplatz und ein Haus, in dem er, deine Mutter und du leben könnten usw. Wenn wir in der historischen Dimension das Wort ‚Vater' benutzen, schließen wir indirekt zugleich auch den Begriff ‚Mutter' mit ein; beide sind nur als Paar vorstellbar.

Das Wort ,Vater' kann also in uns Vorstellungen auslösen, die wir gemeinhin von einem leiblichen Vater haben. Es kann aber auch auf eine andere Wirklichkeit hinweisen: die letzte Dimension nämlich. Wir sollten uns durch den Begriff ,Vater' und die Vorstellung, die wir normalerweise von einem solchen Menschen haben, nicht beirren lassen. Genauso ist es mit dem Wort ‚Name' in „Geheiligt werde dein Name". Hier ist nicht wirklich ein Name, ein bloßer Name gemeint. Laotse sagt: „Der Name, der nennbar ist, ist nicht der wahre Name." Wir müssen also vorsichtig sein. Nirvana bedeutet das Erlöschen aller Begriffe und Vorstellungen.

,Vater' ist also ein Name, der unnennbar ist. Gib Acht, wenn du dir eine Vorstellung von ,Vater' machst. Verbindest du mit ,Vater' eine feste Vorstellung, so ist das gefährlich: Aus dir kann ein Diktator werden.

Die Wellen sind Wasser. Versucht eine Welle, sich das Wasser mit Hilfe der Begriffe ‚Auf und Ab', ‚Ich und Du' vorzustellen, so wird es ihr nicht gelingen, das Wasser wirklich zu berühren. Das ist ihr erst dann möglich, wenn sie sich von allen Vorstellungen befreit hat. Eine Welle kennt Aufs und Abs, das Wasser aber ist frei davon. Eine Welle glaubt, dass sie geboren wird und stirbt, dass sie mit ihrer Geburt entsteht und mit ihrem Tod verschwindet. Das Wasser aber ist von all dem frei. Nimmt eine Welle also alle diese Begriffe und Vorstellungen zu Hilfe, um das Wasser zu verstehen, so wird sie niemals dahin kommen, das Wasser zu berühren.

Auch wir, die wir die Lehre des Buddha studieren und praktizieren, sollten vorsichtig mit dem Wort ‚Buddha' umgehen. Wir sollten es so benutzen, dass es uns und den anderen hilft, frei zu sein und frei zu bleiben. Frei wovon? Frei von Vorstellungen, frei von Wörtern und Begriffen. Auch Gott hat es nicht nötig, dass wir ihn in Worten preisen. Er ist über jeden Ruhm erhaben. Es ist gefährlich, unsere Vorstellungen von Auf und Ab, von Geburt und Tod auf Gott zu beziehen. Damit Gott wirkliche Präsenz erlangt, müssen wir uns von allen Vorstellungen über ihn befreien. Auch der Heilige Geist darf nicht zu einer Vorstellung erstarren. Der Heilige Geist ist die Energie Gottes in uns; durch ihn öffnet sich das Tor zu Gott. Wo Achtsamkeit ist, ist der Heilige Geist. Wo Verstehen ist, ist der Heilige Geist. Wo Liebe und Vertrauen sind, ist der Heilige Geist. Wir alle sind in der Lage, ihn zu erkennen, wenn er sich manifestiert.

Das Gleiche gilt für Achtsamkeit. Wenn ein Mensch achtsam ist, erkennen wir, dass Achtsamkeit da ist. Wenn ein Mensch nicht achtsam ist, erkennen wir, dass Achtsamkeit nicht da ist. Wenn die Augen eines Menschen strahlen, weil er achtsam ist, erkennen wir, dass Achtsamkeit da ist.

Der Heilige Geist ist die Energie Gottes, nicht aber eine Idee oder ein Wort. Du und ich, wir alle sollten das erkennen. Erst wenn wir uns nicht länger durch Vorstellungen und Begriffe festlegen und versklaven lassen, kann der Heilige Geist in uns lebendig werden.

DEN HEILIGEN GEIST LEBENDIG WERDEN LASSEN

Jesus Christus ging es darum, den Heiligen Geist lebendig werden zu lassen. Die Glaubensbestätigung – die Firmung, die Eucharistie – und überhaupt alle Sakramente zielen darauf ab, dem Heiligen Geist Leben zu schenken. In einem buddhistischen Tempel ist es der Klang der Glocke, der uns die Möglichkeit gibt, unser Vertrauen zu bestätigen, der uns in tiefe Berührung kommen lässt mit allem, was ist, und der uns neue Lebenskraft schenkt und zu neuem Leben verhilft. In Plum Village benutzen wir zu diesem Zweck nicht nur den Klang der Glocke, sondern auch das Läuten des Telefons und das Schlagen einer Uhr. Alle fünfzehn Minuten ertönt die Uhr, und wir besinnen uns darauf, dem Heiligen Geist in uns Raum zu geben und Achtsamkeit zu üben. Der Anblick eines in Achtsamkeit dahergehenden Bruders oder einer lächelnden Schwester ist auch eine Gelegenheit, wieder neu geboren zu werden. Es ist möglich, fast den ganzen Tag über achtsam zu sein. So können wir den Heiligen Geist am besten in uns lebendig werden lassen.

„Vater unser, der du bist im Himmel" – das ist die andere Dimension. Wir müssen es lernen, sie in unser tägliches Leben einzubeziehen. Wenn wir bis zu unserem Tod warten, um mit ihr in Berührung zu kommen, mag es zu spät sein. Du brauchst nicht zu sterben, um Zugang zum Reich Gottes zu finden. Du solltest dich besser jetzt darum bemühen, solange noch deine ganze Lebenskraft in dir ist. Tatsächlich brauchst du all deine Kraft, um dich mit dieser Dimension zu verbinden. Glaubst du, dass eine Welle warten sollte, bis sie stirbt, um Wasser zu werden? Nein! Sie ist schon jetzt Wasser; es ist ihr nur nicht bewusst, und deshalb muss sie leiden. Wir müssen uns also darin üben zu erkennen, dass der Heilige Geist da ist, dass Gottvater da ist, dass die andere Dimension uns verfügbar ist. „Dein Reich komme." Tatsächlich ist es so, dass das Reich Gottes nicht zu kommen braucht und du nicht zu ihm zu gehen brauchst, denn es ist schon da – hier und jetzt. „Da ist kein Kommen und kein Gehen." Das ist die Sprache des Buddhismus.

Die buddhistische Lehre unterscheidet zwei Dimensionen: die historische Dimension und die letzte Dimension. Betrachte zum Beispiel die historische Dimension eines Blattes. Es sieht so aus, als würde es im April geboren und im November sterben. Es scheint vor dem Monat April nicht existiert zu haben und aufzuhören zu existieren, nachdem es im Herbst zu Boden gefallen ist. Das scheint aber nur so zu sein, denn wir schauen nicht tief genug. Würden wir die historische Dimension tief genug berühren und über sie hinausgehen, so würde die Geburt- und Todlosigkeit des Blattes offenbar werden. Genauso ist es mit der Welle. Wenn du meinst, die Welle wäre nur jetzt da, nicht aber, bevor sie anschwoll; wenn du meinst, die Welle wäre nicht mehr da, nachdem du sie nicht mehr wahrnehmen kannst, hast du dein tägliches Leben nicht tief genug gelebt. Du hast Blatt und Welle nicht tief genug berührt. Tust du das aber, wird dir eine neue Einsicht zuteil. Du erkennst: Das Blatt ist unvergänglich, es hat auf Ewigkeit Bestand, es ist todlos. Die wahre Natur des Blattes zeichnet sich durch Geburt- und Todlosigkeit aus, genau wie deine wahre Natur auch. Geburt ist nur eine Vorstellung, Tod ist nur eine Vorstellung, und wie von allen anderen Vorstellungen auch, sollten wir uns von der Vorstellung von Geburt und Tod befreien.

Wir leben unser tägliches Leben in der historischen Dimension. Aber wir sind auch ein Kind des Heiligen Geistes, ein Kind des Buddha; erst der Geist der Achtsamkeit lässt uns wahrhaft lebendig werden. Wir müssen es lernen, zur letzten Dimension Zugang zu finden, auch während wir in der historischen Dimension leben. Wenn du Gehmeditation machst und deine Füße auf ein zu Boden gefallenes welkes Blatt treten, so nimm dieses Blatt in einer Weise wahr, dass du seine Geburt- und Todlosigkeit erkennen kannst. Glaub nicht, das könnest du nicht. Du kannst es.

Als spiritueller Mensch musst du dich darin üben, jeden Augenblick deines Lebens so zu leben, dass du die letzte Dimension, den Vater, berühren kannst. Den Vater berühren – das ist das, worum du dich bemühen musst. Gelingt dir das, so wirst du frei sein von Angst und Leiden.

„Dein Wille geschehe, wie im Himmel so auf Erden." Damit ist gemeint, dass du lebendig sein und beide Dimensionen, die historische wie die letzte, berühren musst. Der Himmel ist hier auf Erden, die Erde ist dort im Himmel. Die Welle ist im Wasser, das Wasser ist in der Welle. ‚Himmel' in diesem Zusammenhang weist nicht auf irgendeinen Platz im Raum. Das ist wohl den meisten von uns klar. Gottvater und der Himmel sind in unseren Herzen lebendig; sie leben nicht an entfernter Stelle irgendwo im Raum. Das zu erkennen fällt weder der christlichen noch der buddhistischen Tradition schwer. Lebe dein tägliches Leben in einer Weise, dass du beide Dimensionen berührst.

FINDE ZURÜCK ZUM GEGENWÄRTIGEN AUGENBLICK UND ERWACHE ZUM LEBEN!

„Unser tägliches Brot gib uns heute." Mach dir keine Sorgen über die Zukunft oder die Vergangenheit. Was allein zählt, ist die Gegenwart. Wenn du dir zu große Sorgen machst, leidest du. Übe dich darin, tief im gegenwärtigen Augenblick zu leben. Das Reich Gottes kommt nicht erst morgen, das Reich Gottes ist keine Sache der Vergangenheit. Das Reich Gottes existiert im Jetzt. Heute brauchen wir Nahrung – nicht nur Brot und Butter oder Müsli. Wir brauchen die Art von Nahrung, die uns in jedem Augenblick unseres Lebens lebendig sein lässt, so dass wir unser Vertrauen, unsere Liebe, unsere Stabilität und Toleranz stärken können. Diese Art von Nahrung ist unentbehrlich.

Viele Menschen auf der Erde leiden Hunger – viel mehr als Priester werden wollen. Viele Menschen auf der Erde leiden Hunger nach spiritueller Nahrung; es gibt unendlich viele hungrige Seelen. Dennoch gibt es nur wenige, die, vom Geist der Liebe motiviert, sich entscheiden, Mönche oder Nonnen zu werden, denn wir verstehen es nicht, ihnen die Nahrung zu geben, die sie dazu bewegen könnte. Sündigen und beichten, beichten und sündigen – dieser Ablauf ist absurd und unglaubwürdig und wenig effektiv. Andererseits leben auch wir noch nicht dem Dharma entsprechend. Wir geben unserem wahren Vertrauen und unserer wahren Liebe keine Nahrung. Stattdessen stopfen wir uns mit Ideen und Vorstellungen voll. Darum können wir auch unseren Hunger nicht befriedigen. Wir meinen zu essen, tatsächlich aber essen wir niemals wirklich.

Obwohl Jesus uns Brot reichte, nehmen wir nur unsere Vorstellung vom Brot zu uns. Das Brot, das Jesus uns reichte, ist wirkliches Brot; und nur wenn wir wirkliches Brot essen, können wir wirklich leben. Wir verstehen aber nicht wirkliches Brot zu essen. Wir versuchen nur, das Wort ‚Brot' oder unsere Vorstellung davon zu essen. Auch wenn wir das Abendmahl empfangen, nehmen wir nur Vorstellungen und

Ideen in uns auf. „Dies, meine Freunde, ist mein Fleisch und mein Blut." Gibt es eine drastischere Sprache, die euch zum Erwachen bringen könnte? Jesus hätte es nicht deutlicher ausdrücken können. Ihr habt Ideen und Vorstellungen in euch aufgenommen; ich aber möchte, dass ihr wirkliches Brot esst, so dass ihr zum wirklichen Leben erwacht. Wenn ihr ganz zum gegenwärtigen Augenblick zurückfindet und vollkommen wach seid, werdet ihr erkennen, dass dies hier wirkliches Brot ist und dass sich in ihm der gesamte Kosmos verkörpert.

So wie Christus die Verkörperung Gottes ist, so ist das Brot, das er uns reicht, die Verkörperung des Kosmos. Schau tief, und du wirst den Sonnenschein im Brot erkennen, den blauen Himmel, die Wolken und unsere Mutter Erde. Kannst du mir irgend etwas nennen, was nicht im Brot enthalten wäre? Der gesamte Kosmos hat sich zusammengetan, um dieses Stückchen Brot hervorzubringen. Iss es so, dass du zum Leben erwachst, zum wirklichen Leben. Das ist möglich – allein durch dein Essen. Solange ihr in Plum Village seid, werdet ihr immer wieder dazu aufgerufen, euer Müsli in Achtsamkeit zu essen. Denn nur wenn ihr achtsam esst, werdet ihr erkennen, dass euer Müsli den gesamten Kosmos enthält. Nur wenn ihr achtsam esst, wird Vertrauen möglich, wird Liebe möglich, wird Erwachen möglich. Es ist egal, ob ihr in der Meditationshalle oder in der Küche esst. Allein wichtig ist, dass ihr achtsam esst. Esst in der Gegenwart Gottes! Esst so, dass der Heilige Geist als Energie in euch lebendig werden kann; dann wird das Stück Brot, das Jesus euch reicht, nicht länger eine Idee, eine Vorstellung sein.

Wo ist das Stück Brot geblieben? Haben die zwölf Jünger es aufgegessen? Nein! Es ist noch da. Das Stück Brot, das Jesus uns anbot, ist noch vorhanden. Es gibt viele Gelegenheiten, es zu essen. Es findet sich in unserem Müsli, in einem Gebäckstück oder in einem Reiskuchen; in allem ist es noch vorhanden. Es ist verfügbar im Hier und im Jetzt. Lass dich an den Tisch Jesu einladen – heute, morgen, für alle Zeit. Du musst das Stück Brot zu dir nehmen, damit du wieder lebendig wirst und Vertrauen, wahres Vertrauen, und wahre Liebe in dir gestärkt werden. Nur so wird Glück für dich und deine Mitmenschen zu einer Wirklichkeit.

Wir feiern Weihnachten. Wir feiern die Geburt eines Kindes. Aber lasst uns auch in unser eigenes Innere schauen. Auch in uns ist ein Kind, das geboren werden will. Lasst uns unser tägliches Leben so führen, dass wir diesem Kind die Chance geben, jeden Augenblick lebendig zu werden. Fröhliche Weihnachten! Merry Christmas! Joyeux Noël à vous tous!

Kapitel vier

ZUFLUCHT NEHMEN ZUM BUDDHA, ZUM DHARMA, ZUR SANGHA

Liebe Freunde, heute ist der 26. Dezember 1996, und wir befinden uns im New Hamlet von Plum Village.

Ich möchte ein wenig mehr auf das Thema ‚Vertrauen' eingehen. Wir haben festgestellt, dass das Objekt unseres Vertrauens nicht einfach nur eine Idee, eine Vorstellung sein darf, sondern dass Einsicht und unmittelbare Erfahrung sein Fundament sein müssen. Dazu verhilft uns unser Übungsweg, den zu beschreiten wir uns unermüdlich bemühen sollten.

In der buddhistischen Tradition spielt die Zufluchtnahme eine wichtige Rolle: *Ich nehme Zuflucht zum Buddha. Ich nehme Zuflucht zum Dharma. Ich nehme Zuflucht zur Sangha*. Zufluchtnehmen ist nicht so sehr ein Problem des Glaubens als ein Problem des Praktizierens. Es reicht nicht aus, verbal zu bekunden, dass wir dem Buddha unser Vertrauen schenken; nein, wir müssen aus tiefstem Herzen Zuflucht zu ihm nehmen. Was aber bedeutet ein solches Zufluchtnehmen? Wie ist es zu erreichen?

Wenn wir tief schauen, erkennen wir, dass die Drei Zufluchten in doppelter Weise verstanden werden können. Zum einen bringen wir damit zum Ausdruck, dass wir Schutz suchen. Wir wollen behütet sein. Das Leben ist voller Gefahren; wir wissen nicht, was morgen mit uns passieren wird, und darum haben wir das Gefühl, dass Unsicherheit unser Leben bestimmt. Wir alle suchen Zuflucht, weil wir Schutz und Hilfe brauchen. Zuflucht nehmen zum Buddha bedeutet also, im Buddha Sicherheit suchen.

Ob unser Praktizieren in die Tiefe geht oder nicht, hängt davon ab, welche Einsichten wir gewonnen haben und wie tief unser Buddha-

Verständnis reicht. Wir können den ‚populären' vom ‚tiefen' Buddhismus unterscheiden. Beide brauchen einander nicht notwendigerweise zu widersprechen. Anfangs mögen wir glauben, der Buddha sei etwas anderes als wir selbst – ein anderes Wesen. Manche meinen, er sei ein Gott; andere wissen, dass der Buddha ein Mensch war, so wie wir es sind, ein Mensch aber, der in seinem Streben nach Befreiung, in seinem Verstehen und seinem Mitgefühl eine unendlich hohe Stufe erreicht hat. Sie glauben jedoch, dieses Wesen sei etwas von uns Getrenntes und wir müssten zu ihm gehen, um Zuflucht zu nehmen: *Buddham Saranam Gacchami* – Ich nehme Zuflucht zum Buddha.

Bist du aber auf deinem Übungsweg ein gutes Stück vorangekommen, so wirst du eines Tages verstehen, dass der Buddha nicht wirklich ein anderes, von dir getrenntes Wesen ist. Der Buddha lebt in dir, denn die Substanz, die einen Buddha ausmacht, ist die Energie der Achtsamkeit, des Verstehens und des Mitgefühls. Wenn du gut praktizierst und hörst, was der Buddha zu sagen hat, weißt du, dass auch du Buddha-Natur hast. In dir ist die Fähigkeit, zu erwachen, zu verstehen und mitfühlend zu sein. Hast du diese Erkenntnis gewonnen, so hast du auf deinem Übungsweg gute Fortschritte gemacht. Von jetzt an hört der Buddha auf, der ‚andere' zu sein; dir ist bewusst, dass du den Buddha in allem, was ist, berühren kannst, besonders aber in deinem eigenen Innern. Du kannst den Buddha nicht berühren, wenn du nicht mit der Buddhaschaft in dir selbst, mit deiner wahren Natur, in Berührung kommst. Genauso wie Shakyamuni, der historische Buddha, die Buddhaschaft hat, so ist auch in dir – in deinem tiefsten Wesen – die Buddha-Natur. Sie gilt es zu verwirklichen.

Anfangs sagen wir: „Ich nehme Zuflucht zum Buddha." Später verändern wir das in: „Ich nehme Zuflucht zum Buddha in mir." So lautet die Rezitationsformel, wenn Chinesen, Japaner, Vietnamesen oder Koreaner zu den Drei Juwelen Zuflucht nehmen. „Ich nehme Zuflucht zum Buddha in mir."

„Ich nehme Zuflucht zum Buddha, der mir den Weg in diesem Leben zeigt." Er, der mir den Weg in diesem Leben zeigt, begann seinen Weg zur Erleuchtung als Shakyamuni (so lautet der Beiname des historischen Buddha). Mit der Erkenntnis, dass auch in dir die Buddha-Natur ist und dass der Buddha kein von dir getrenntes, anderes Wesen ist, machst du eine *unmittelbare Erfahrung*. Das Objekt deines Vertrauens ist nicht länger nur die *Vorstellung*, die du dir von einem Wesen namens Shakyamuni machst, oder die *Vorstellung* von Buddhaschaft und Buddha-Natur. Jetzt berührst du die Buddha-Natur *wirklich*, nicht nur als Idee. Mit ‚Buddha-Natur' ist die Fähigkeit gemeint, die uns wach und gesammelt sein lässt und die uns dazu bringt, Achtsamkeit zu üben und Verstehen zu zeigen. Du weißt sehr wohl, dass das eine Realität ist, die du jederzeit in dir berühren kannst.

ZUFLUCHT NEHMEN ZUM BUDDHA IN UNS SELBST

Das neu herausgekommene Chanting Book of the Year 2000 bringt eine überarbeitete Übersetzung der Drei Zufluchten: *Indem ich Zuflucht nehme zum Buddha in mir, wünsche ich, dass alle Menschen die ihnen innewohnende Fähigkeit zur Erleuchtung erkennen und dass es ihnen gelingt, den Geist der Erleuchtung in sich zu entwickeln und zu verwirklichen.* Zuflucht zum Buddha nehmen bedeutet hier: in Kontakt kommen mit der eigenen Buddha-Natur, den Samen der Erleuchtung berühren, unmittelbar erfahren, dass Erleuchtung möglich ist. So machen wir uns offen für den Geist der Liebe; so bringen wir den Geist der Erleuchtung hervor. Bodhicitta ist das, wonach sich jeder von uns in seinem tiefsten Innern sehnt: Wir wünschen uns, zu erwachen, frei zu werden vom Leiden, und wollen anderen Lebewesen helfen.

Nehmen wir in dieser Weise Zuflucht zum Buddha, so erzeugen wir in uns die Energie der Liebe. Wir erkennen das Leiden in uns und um uns herum und sind entschlossen, es zu beenden, indem wir die Samen von Verstehen, Mitgefühl und Erleuchtung in uns berühren.

Dadurch, dass wir mit der Buddha-Natur in uns in Berührung kommen, bringen wir den Geist der Erleuchtung zur Entfaltung. Wir geloben, ein Bodhisattva zu werden, um allen Wesen zur Leidenserleichterung und zur Transformation zu verhelfen. Unsere Zufluchtnahme bestätigt in nachdrücklicher Weise unsere Entschlossenheit und gibt uns Kraft für unser Praktizieren. Sind wir erst einmal erfüllt vom Erleuchtungsgeist, werden wir sogleich zum Bodhisattva.

„*Den Geist der Erleuchtung entwickeln*" – das heißt, den Geist der Liebe, *bodhicitta*, entwickeln. Uns ist klar, dass das nicht einfach nur eine Rezitationsformel ist oder Ausdruck für unser Bedürfnis nach Zuflucht und Schutz. Es ist mehr als das. Natürlich bekommen wir Schutz; es ist aber ein Schutz von unübertroffen hoher Qualität: Wenn wir erkennen, dass die Buddha-Natur, der Geist der Liebe auch in uns ist, dann werden wir zum Bodhisattva und können jeder Gefahr oder Schwierigkeit furchtlos entgegentreten.

Indem ich Zuflucht nehme zum Dharma in mir, wünsche ich, dass alle Menschen der Dharma-Tore gewahr werden und sie meistern und dass wir uns gemeinsam bemühen, den Pfad der Transformation zu beschreiten. Mit ‚Dharma-Toren' ist der konkrete Übungsweg gemeint. Hast du wirklich den Wunsch, Zuflucht zu nehmen zum Dharma, so musst du alle entsprechenden Lehren und Übungen, die der Buddha und die Sangha dir anbieten, erlernen und meistern. „*Gemeinsam bemühen wir uns, den Pfad der Transformation zu beschreiten*" – das heißt, wir dürfen auf unserem Übungsweg nicht ermüden, sondern müssen täglich an unserer Transformation arbeiten. Das Ganze ist nicht nur eine Sache des Glaubens oder Ausdruck unseres Schutzbedürfnisses, sondern eine Sache des Praktizierens. Der Dharma muss gelebt werden. Es reicht nicht aus, die Zufluchtsformeln nur zu sprechen. Du musst deinem Gelöbnis entsprechend leben.

WIR SIND DIE SANGHA

Indem ich Zuflucht nehme zur Sangha in mir, wünsche ich, dass alle Menschen imstande sein mögen, die vier Gemeinschaften aufzubauen und allen Lebewesen den Weg zur Befreiung zu weisen, ihnen mit Liebe zu begegnen, sie zu erziehen und zu transformieren. Mit den vier Gemeinschaften ist die Sangha der Mönche und Nonnen sowie der im Weltleben stehenden Männer und Frauen gemeint.

Wenn wir die Dritte Zufluchtsformel rezitieren, wird uns klar, was wir zu tun haben: Wir müssen mithelfen, eine Sangha aufzubauen. Denn allein durch eine Sangha lässt sich das Ideal des Buddha und des Dharma verwirklichen. Eine wirkliche Sangha ist wie ein Fahrzeug, das den Buddha und den Dharma weiterträgt. Ohne Sangha sind wir nicht in der Lage, anderen Wesen zu helfen. Allein schaffen wir es nicht, der Welt zur Transformation zu verhelfen. Darum müssen wir, indem wir Zuflucht zur Sangha nehmen, auch tatsächlich bereit sein, mitzumachen beim Aufbau einer Sangha. Wir müssen all unsere Fähigkeiten einsetzen und bemüht sein, die Sangha-Mitglieder zusammenzubringen und zusammenzuhalten, ihnen mit Liebe zu begegnen und aus unserer Gemeinschaft ein solides Ganzes zu machen. Dazu gehört auch, dass wir erzieherisch tätig sind und der Sangha helfen, sich zu transformieren und noch kraftvoller zu werden.

Wenn wir die neue Fassung mit der alten Übersetzung vergleichen, erkennen wir einige Unterschiede. In der alten Übersetzung heißt es. „Indem ich zum Dharma in mir Zuflucht nehme, gelobe ich, allen Menschen zu helfen, tief in die *tripitaka* einzudringen, den ‚Dreikorb' der Lehre, und ihre Weisheit wird so weit werden wie das Meer." Der neue Text ist mehr praxisbezogen. Wenn du Zuflucht zum Dharma nimmst, musst du nicht nur die Sutras lernen, sondern musst dich der konkreten Praxis, den Dharma-Toren, aktiv zuwenden und sie voll in dein Leben einbeziehen. Zusammen mit anderen Menschen begibst du dich auf den Pfad des Verstehens und kannst sie ungehindert und frei anleiten, in einer Sangha dem Übungsweg zu folgen. Es reicht nicht aus, nur zu wünschen, dass alle Wesen in der Lage sein mögen, tief in die ‚Drei Körbe' einzudringen. Unter den ‚Drei Körben' ist der dreiteilige Kanon buddhistischer Schriften mit den Lehrreden des Buddha und seiner Hauptschüler sowie der ein Jahrhundert nach seinem Dahinscheiden zusammengestellten systematischen Darlegung seiner Lehren *(Abhidharma-Pitaka)* zu verstehen.

Bist du ein erfahrener Praktizierender, so gibt es für dich keine dringlichere Aufgabe, als eine Sangha aufzubauen. All deine Zeit und Energie solltest du dafür einsetzen, die vier Konstituenten einer Sangha zusammenzubringen: voll ordinierte Mönche und Nonnen sowie im Weltleben stehende Männer und Frauen. Dein Ziel muss es sein, alle Lebewesen wegweisend zu begleiten, ihnen mit Liebe zu begegnen und ihnen zur Transformation zu verhelfen.

Rufen wir uns noch einmal das in Erinnerung, worüber wir am Weihnachtstag gesprochen haben, über die Fünf Fähigkeiten nämlich: Vertrauen, Tatkraft, Achtsamkeit, Konzentration (Sammlung) und Einsicht. Vergesst nicht, dass das Objekt unseres Vertrauens keine bloße Vorstellung, keine Idee sein darf. Unser Vertrauen muss aus wahrer Einsicht in die Wirklichkeit erwachsen, aus unmittelbarer Erfahrung.

Wenn du sagst: „Ich glaube an den Buddha. Ich glaube an den Dharma. Ich glaube an die Sangha", so dürfen der Buddha, der Dharma und die Sangha nicht nur Ideen sein, wenn du mit ihnen in tiefe Berührung kommen willst. Die Aussage: „Ich glaube an die mir innewohnende Kraft der Erleuchtung" könnte als eine Art buddhistisches Glaubensbekenntnis bezeichnet werden. Aber es darf nicht nur bei diesem gesprochenen Bekenntnis bleiben. Du musst auch entsprechend leben. Du musst wirklich erkennen und erfahren, dass die Kraft der Erleuchtung in dir ist, und musst sie tief berühren. Andernfalls kann sie kein Leben gewinnen, sondern bleibt nur eine Idee, eine Vorstellung.

Aber was ist Erleuchtung wirklich? Es gibt viele Menschen, Buddhisten eingeschlossen, die über Erleuchtung sprechen, ohne wirklich zu wissen, was darunter zu verstehen ist, denen unklar ist, was mit Buddhaschaft gemeint ist. Der Geist der Erleuchtung ist in uns allen; wir können in unserem täglichen Leben damit in Berührung kommen. Wir wissen schon, dass Achtsamkeit die Energie ist, die wir in uns entstehen lassen können. Während der Gehmeditation sind wir in der Lage, jeden einzelnen Schritt bewusst wahrzunehmen. Achtsam gehen kannst nicht nur du, sondern auch dein Kind. Du weißt, dass Achtsamkeit etwas Reales ist, nicht nur eine Idee. Wenn du dich darin übst, kannst du diese Energie Tag für Tag erzeugen und sie zu einer großen Kraftquelle in dir machen.

Hier in Plum Village haben wir ein Lied, in dem es heißt, dass Achtsamkeit der Buddha ist. Indem du die Energie der Achtsamkeit in dir entwickelst, lässt du den Buddha als die Energie, die dir den Weg weist und dich beschützt, im gegenwärtigen Augenblick lebendig werden. Du suchst Schutz; welcher Art aber ist die Kraft, die dir diesen Schutz gibt? Eine Vorstellung? Nein! Eine Vorstellung reicht nicht aus, um Schutz zu sein. Selbst die Vorstellung, die du dir vom Buddha machst oder von Gott oder vom Heiligen Geist, reicht nicht aus, um dich zu beschützen. Du musst etwas viel Kraftvolleres als eine bloße Vorstellung haben, damit der Schutz Wirklichkeit werden kann.

Achtsamkeit ist die Energie, die uns schützen kann, das weißt du. Achtsamkeit hilft dir, nicht zu verunglücken, wenn du Auto fährst. Achtsamkeit lässt dich deine Arbeit in der Fabrik so sorgfältig ausführen, dass du einen Unfall vermeidest. Achtsamkeit hilft dir, mit anderen Menschen so zu sprechen, dass deine Worte nicht zum Auseinanderbrechen eurer Beziehung führen. Achtsamkeit ist also der Buddha; Achtsamkeit ist die Kraft, die dich beschützt. Diese Kraft ist keine Vorstellung, sondern etwas Wirkliches. Kommst du mit dieser Kraft in Berührung, so weißt du, dass du auf einem festen Fundament stehst.

Alle Buddhas und Bodhisattvas erklären, dass dir die Kraft der Erleuchtung innewohnt. Sie ist die eigentliche Grundlage deines Lebens und deines Praktizierens. Ist sie das wirklich, so wirst du niemals die Orientierung verlieren. Von diesem Fundament aus wird die Energie der Achtsamkeit, der geistigen Sammlung und der Einsicht geboren; auf dieser Grundlage entwickelt sich die Kraft, die dich schützen wird. Du weißt jetzt, in welche Richtung du zu gehen hast. Weißt du das nicht, so kannst du nicht glücklich sein, sondern irrst blind herum und wirst viel leiden müssen. Darum ist es wichtig, ein Ziel zu haben. So versteht die buddhistische Lehre das Wesen des Vertrauens.

DIE DREIFACHE ZUFLUCHTNAHME IST FÜR ALLE DA

Wenn du Zuflucht zum Buddha nimmst, bist du dir deines geistigen Fundaments bewusst, des Bodens, auf dem du stehst. Außerdem weißt du dich durch die Energie der Achtsamkeit, der geistigen Sammlung und der Einsicht beschützt. Weiterhin hast du Vertrauen und weißt, in welche Richtung du zu gehen hast. Jeder Schritt bringt dich der vollkommenen Erleuchtung, der inneren Stabilität und Freiheit näher. Wenn du damit begonnen hast, die Energie der Erleuchtung in dir zu erzeugen, verspürst du eine große Freude.

Manche Menschen glauben, die Dreifache Zufluchtnahme sei nur für Anfänger gedacht. Das ist aber nicht wahr. Sie sollte tatsächlich von allen praktiziert werden. Selbst wenn du dich schon seit fünfzig Jahren auf dem buddhistischen Übungsweg befindest, hast du es weiterhin nötig, Zuflucht zu nehmen. Nimmst du aus vollstem Herzen

Zuflucht zum Buddha in dir, zu der dir innewohnenden Fähigkeit zur Erleuchtung, so wirst du feststellen, dass sich die Zufluchtnahme zum Dharma und zur Sangha wie von selbst ergibt. Es gibt einen Pfad (Dharma); du hast dich entschieden, diesen Pfad zu beschreiten; und dieser Pfad ist der Pfad des Verstehens und des Mitgefühls. Willst du auf dem Pfad der Transformation vorankommen und für dich selbst und deine Sangha Transformation erlangen, so hast du bestimmte Verhaltensweisen und Übungen zu erlernen und zu meistern.

Dein Praktizieren bringt nicht nur dir und deiner Sangha Gewinn, sondern darüber hinaus auch der gesamten menschlichen Gesellschaft und überhaupt allem, was ist: Tieren, Pflanzen und Mineralien. Sie sind deine größere Sangha. Auch die Sangha hat die Kraft, dich zu beschützen. Wer von uns einer Sangha angehört und mit ihr zusammen praktiziert, weiß, dass die Buddhalehre, der Dharma, ihm oder ihr ohne Sangha längst nicht den gleichen Gewinn brächte. Die Sangha gibt uns Schutz, die Sangha weist uns den Weg, die Sangha stützt uns. Genauso wenig wie ein Tiger ohne seinen Berg leben kann, können wir ohne unsere Sangha sein. Verlässt ein Tiger den Berg und geht hinunter ins Tal, so wird er von den Menschen gefangen und getötet werden. Ein Mensch, der ohne Sangha übt, geht in die Irre und wird sein Üben bald aufgeben. Deshalb ist es so entscheidend, dass wir zur Sangha Zuflucht nehmen. Kehre unmittelbar jetzt zu deiner Sangha zurück, warte keinen Augenblick länger. Hilf mit, eine Sangha aufzubauen – zu deinem Schutz, zu deinem Halt und zu deiner Orientierung. Das sind nicht leere Worte. Die Sangha darf keine Idee sein, sie muss realiter existieren. Auf sie solltest du dich jeden Tag stützen können, mit ihr solltest du täglich praktizieren.

Genauso ist es, wenn du zum Dharma Zuflucht nimmst. Du tust das, weil du großes Vertrauen in ihn hast. Dir ist klar, dass du ohne den Dharma die Orientierung verlieren würdest. Also lebst du dem Dharma entsprechend und kannst ohne ihn nicht sein. Der Dharma und du werden eins. Der Dharma gibt dir Halt, sooft du dich aus dem Gleichgewicht gebracht fühlst, sooft du in der Nacht aufwachst und Angst oder Unruhe verspürst oder ein Gefühl der Verzweiflung dich überwältigt. Wenn du auf deinem Übungsweg bereits Erfahrungen gesammelt hast, weißt du, dass du deine Verzweiflung, dein Unwohlsein und deine Angespanntheit mit der Energie der Achtsamkeit umarmen musst – das verleiht dir wunderbare Kräfte. Du brauchst gar nicht zu kämpfen. Du brauchst nur bewusst zu atmen. So machst du es der Energie der Achtsamkeit möglich, dass sie sich entwickeln und dein Gefühl der Unruhe und Verzweiflung liebevoll umarmen kann.

Manchmal bist du innerlich so unruhig und aufgeregt, dass du nicht einschlafen kannst. Weil der nächste Tag aber ein anstrengender Tag sein wird, hast du den Schlaf dringend nötig. Die Ursache für deine Unruhe und Aufregung ist dir nicht bekannt; du kannst einfach nur nicht einschlafen. Was ist zu tun? Wenn du gelernt hast, achtsam einzuatmen und achtsam wieder auszuatmen, und wenn du weißt, wie du den Buddha einladen kannst, zu dir zu kommen, dich zu umarmen und bei dir zu sein, dann wird die Achtsamkeit dir sehr bald den Grund für deine Ruhelosigkeit oder Aufgeregtheit zeigen. Du brauchst gar nichts anderes zu tun, als dir zu sagen: „Ich atme ein und weiß, dass ich voll innerer Unruhe bin. Ich atme aus und weiß, dass ich verzweifelt bin." Erkenne deine Gefühle und umarme sie sanft mit der Energie der Achtsamkeit. Du brauchst keinen Kampf gegen sie zu führen. Und trotzdem wirst du nach ein paar Minuten erfahren, welch wunderbare Wirkung das hat, und wirst spüren, wie du deine innere Ruhe wiedergewinnst. Deine Ruhe ist als Samenkorn in deinem Bewusstsein gespeichert, genau wie auch deine Unruhe. Weil du weißt, dass der Samen von Ruhe und Frieden in dir ist, hast du Vertrauen. Du umarmst einfach nur die Energie der Ruhelosigkeit und lächelst sie an. Dir ist bewusst, dass auch der andere Samen in dir zu finden ist. Plötzlich stellst du fest, dass das negative Gefühl vergangen ist und du wieder schlafen kannst.

Hast du den Dharma erst einmal tief in dir aufgenommen, so fühlst du dich beschützt und sicher. Es ist wichtig, dass du die Methoden, mit deren Hilfe du ihn berühren kannst, erlernst und meisterst. Dabei müssen dir dein Lehrer oder deine Lehrerin, deine Sangha und dein eigenes Praktizieren helfen. Nach einiger Zeit des Übens wirst du dem Dharma dein Vertrauen schenken und Zuflucht zu ihm nehmen. Er ist dann nicht länger nur eine Vorstellung und nichts, was du nur verstandesmäßig begreifst, sondern etwas Lebendiges. Denn jetzt weißt du, wie du ihn berühren kannst.

Fühlen wir uns aufgeregt oder ruhelos, so können auch fünfzehn oder zwanzig Minuten Gehmeditation unsere Frische und unser Vertrauen wieder herstellen. Das wissen alle hier in Plum Village. Uns ist bewusst, welche positive Wirkung achtsames Gehen haben kann, weil wir uns täglich darin üben. Wir schenken dem Dharma unser Vertrauen und werden von ihm beschützt. Wir lernen im Dharma und praktizieren im Dharma – mit der Sangha an unserer Seite, die uns den Weg weist und uns leitet.

DER WEG ZUR LEIDENSBEFREIUNG

„Ich weiß, dass ich, wenn ich tief in mein Leiden schaue, den Pfad erkennen werde, der mich aus dem Leiden herausführt.“ Auch diese Aussage ist Ausdruck unseres Vertrauens, genau wie die Drei Zufluchten: „Ich nehme Zuflucht zum Buddha. Ich nehme Zuflucht zum Dharma. Ich nehme Zuflucht zur Sangha.“ Wir wissen, dass uns der Weg zur Leidensfreiheit offenbar wird, indem wir tief in unser Leiden schauen. Das ist Inhalt der ersten vom Buddha gehaltenen Lehrrede, in der er die Vier Edlen Wahrheiten verkündet. Die erste Wahrheit ist die Wahrheit von der Existenz des Leidens *(dukkha)*. Niemand, der nicht leidet, kann den Weg erkennen, der aus dem Leiden herausführt. Die vierte Wahrheit ist die Wahrheit vom Weg *(marga)* zur Leidensbefreiung.

Jedem von uns ist klar, dass wir den Weg zur Leidensbefreiung nicht erkennen können, wenn wir vor unserem Leiden davonlaufen.

Wir müssen uns also darin üben, uns unserem Leiden bewusst zuzuwenden, es zu umarmen und tief in es hineinzuschauen. Tun wir das und erkennen und verstehen wir seine Natur, so wird sich uns der Weg aus dem Leiden heraus von selbst offenbaren; wir brauchen ihm dann nur wirklich zu folgen.

Die Zweite und Dritte Edle Wahrheit sind abhängig von der Ersten und Vierten. Die beiden letzteren sind die wichtigsten unter den Vier Edlen Wahrheiten. Die Zweite Wahrheit spricht von den Ursachen, den Wurzeln des Leidens. Erkennen wir diese, so erkennen wir auch den Pfad. Und sind wir ernsthaft bemüht, diesem Pfad zu folgen, so findet in uns eine Transformation statt: Unser Leiden hat ein Ende, wir haben Wohlsein erreicht. Das ist die Dritte Edle Wahrheit: die Wahrheit von der Möglichkeit, das Leiden zu beenden und Wohlsein zurückzuerlangen. Die Erste Wahrheit sprach vom Unwohlsein der Menschen, dem Leiden. Sind das alles nur Vorstellungen, Ideen? Oder lässt sich das in die Praxis umsetzen?

Zunächst ist uns nicht bewusst, warum wir leiden müssen. Wir verstehen unser Leiden nicht. Indem wir aber tief schauen, finden wir heraus, was unser Leiden verursacht hat. Haben wir seine Ursache erkannt, so wissen wir, wie wir sie beseitigen können, wie wir unserem Leiden gewissermaßen die Nahrung entziehen können. Jetzt kann der Heilungsprozess einsetzen. Stell dir vor, deine Leber macht dir Beschwerden. Du schaust tief in dieses Leiden hinein und erkennst, dass dein bisheriges ungesundes Essen und Trinken der Grund für deine gesundheitlichen Probleme ist. Jetzt erkennst du den Weg. Du weißt, dass du deine Essgewohnheiten ändern und aufhören musst, das zu essen und zu trinken, was du bislang gegessen und getrunken hast. Dann kannst du geheilt werden. Das hat nichts mit Vorstellungen zu tun; das kannst du unmittelbar erfahren. Unmittelbare Erfahrung ist das Objekt deines Vertrauens.

Achtsamkeit findet in unserem Leben konkreten Ausdruck, indem wir die Fünf Übungswege der Achtsamkeit praktizieren. Schauen wir sie uns genau an, so erkennen wir, dass sie uns exakt beschreiben, wie und in welchen Situationen wir Achtsamkeit üben können. Sie alle beginnen mit den Worten: „Im Bewusstsein des Leides …“ Indem wir tief in die Natur unseres Leidens schauen, verwirklichen wir Achtsamkeit. Wir alle, jeder Einzelne und die gesamte Gesellschaft, leiden in irgendeiner Weise. Lasst uns tief in dieses Leiden hineinschauen, damit wir seine Ursachen, seine Wurzeln erkennen können. Die Fünf Übungswege der Achtsamkeit sind nicht nur Ausdruck unseres Vertrauens, sondern der konkrete Weg zu unserer Transformation und Heilung.

DER KONKRETE ÜBUNGSWEG

Wenn du die Fünf Übungswege der Achtsamkeit genau studierst, wird dir klar, dass wir ein von Liebe erfülltes, friedvolles, glückliches und sicheres Leben führen könnten, würden alle Menschen sich entsprechend verhalten. Ganz gleich, ob du ein(e) Buddhist(in) bist oder nicht, du wirst erkennen, dass Frieden und Sicherheit und Glück in unserer Gesellschaft notwendigerweise zu einer Realität würden, hielten sich alle Menschen in ihrem Handeln an diese Achtsamkeitsübungen. Sie sind aus der Lehre von den Vier Edlen Wahrheiten hervorgegangen. Du erkennst das Leiden. Und weil du vom Leiden genug hast und es loswerden möchtest, suchst du nach seinen Ursachen. Du weißt, dass es einen Weg gibt, es zu beenden, so dass du geheilt werden kannst.

Der Erste Übungsweg der Achtsamkeit

Im Bewusstsein des Leides, das durch die Zerstörung von Leben entsteht, bin ich entschlossen, Mitgefühl zu entwickeln und Wege zu beschreiten, die dazu beitragen, das Leben von Menschen, Tieren, Pflanzen und Mineralien zu schützen. Ich bin entschlossen, nicht zu töten und es nicht zuzulassen, dass andere töten. Ich werde keine Form des Tötens entschuldigen – weder in der Welt noch in meinen Gedanken oder in meiner Lebensweise.

Du hast die Natur des Leidens erkannt und Einsicht gewonnen in den Weg, der einzuschlagen ist. Die Tatsache, dass du dich entsprechend verhältst, ist Ausdruck deines Vertrauens in diesen Weg. Du vertraust darauf, dass du geheilt werden kannst, ja dass die ganze Welt Heilung erfahren kann, wenn alle so leben, wie die Fünf Achtsamkeitsübungen es uns nahe legen. Sie zeigen uns die Richtung an, in die wir zu gehen haben. Dass du Vertrauen entwickeln konntest, ist deiner Achtsamkeit zu verdanken, wie auch deiner Konzentration, d. h. deinem gesammelten Geist, und deiner Einsicht.

Der Zweite Übungsweg der Achtsamkeit

Im Bewusstsein des Leides, das durch Ausbeutung, soziale Ungerechtigkeit, Diebstahl und Unterdrückung entsteht, bin ich entschlossen, liebende Güte zu entwickeln und Wege zu beschreiten, die zum Wohlergehen von Menschen, Tieren, Pflanzen und Mineralien beitragen. Ich will Freigebigkeit praktizieren, indem ich meine Zeit, Energie und materiellen Mittel mit denen teile, die in Not sind. Ich bin entschlossen, nicht zu stehlen und nichts zu besitzen, was anderen zusteht. Ich will das Eigentum anderer achten und andere davon abhalten, sich an menschlichem Leiden oder am Leiden anderer Lebensformen auf der Erde zu bereichern.

Auch in dieser Übung kommt die Einsicht in das Leiden und den Weg, der zum Wohlsein führt, zum Ausdruck. Diese Übung sollte nicht nur von einzelnen Menschen praktiziert werden, sondern auch von größeren Gemeinschaften, ja von ganzen Völkern. Verhält sich der Staat, in dem du lebst, entsprechend? Oder ist es nicht so, dass seine Gesetzgeber im Namen des Fortschritts und des Wirtschaftswachstums andere Völker unterdrücken und ausbeuten? Ist es nicht so, dass dein Heimatland wirtschaftliches Wachstum für sich alleine anstrebt und von der menschlichen Arbeitskraft und den Rohstoffen anderer Länder profitiert, nur damit der eigene Markt ausgebaut und die Anerkennung der eigenen Landsleute gewonnen werden kann?

Wenn wir unsere Zukunft nicht aufs Spiel setzen wollen, ist es in unserer Zeit unerlässlich, die Fünf Übungswege der Achtsamkeit kollektiv, als Sangha also, zu praktizieren. Auch eine Stadt kann eine Sangha sein, sogar ein ganzes Volk. Vielleicht hast du eine Anstellung im Rathaus oder bist Abgeordneter im Parlament; vielleicht arbeitest du in einem Büro oder bist in einem Lehrberuf tätig. In jedem Fall muss dir klar sein, dass du mit dazu beitragen kannst, andere Menschen an den Übungsweg heranzuführen. Du kannst sie ansprechen und einladen mitzumachen und so dafür sorgen, dass wir alle eine gute Zukunft haben. Auch das ist mit Zufluchtnahme zur Sangha gemeint. Damit möglichst viele Menschen das Praktizieren der Achtsamkeitsübungen in ihr Leben einbeziehen, musst du deine Familie zu einer Sangha machen, musst du in deiner Stadt eine Sangha aufbauen und zusehen, dass dein ganzes Land zu einer Sangha wird. Die erste Übung beispielsweise ist Ausdruck unserer Achtung vor dem Leben. Es ist gut, dass du dich nach Kräften bemühst, allem Lebendigen mit Ehrfurcht zu begegnen. Doch ist es unerlässlich, dass auch andere Menschen – deine Stadt, dein Land – dazu gebracht werden, Lebendiges zu achten.

Der Dritte Übungsweg der Achtsamkeit

Im Bewusstsein des Leides, das durch sexuelles Fehlverhalten entsteht, gelobe ich, Verantwortungsgefühl zu entwickeln und Wege zu beschreiten, die dazu beitragen, die Sicherheit und Integrität von Einzelpersonen, Paaren, Familien und der Gesellschaft zu schützen. Ich bin entschlossen, eine sexuelle Beziehung nur dann einzugehen, wenn sie von Liebe und der Bereitschaft zu einer langfristigen und verpflichtenden Bindung getragen ist. Um unser aller Glück zu bewahren, bin ich entschlossen, meine Bindungen und die anderer zu respektieren. Ich will alles tun, was in meiner Macht steht, um Kinder vor sexuellem Missbrauch zu schützen und zu verhindern, dass Paare und Familien durch sexuelles Fehlverhalten auseinanderbrechen.

Auch diese Übung sollte gemeinschaftlich praktiziert werden – in Familien, Städten und ganzen Ländern. In uns allen sind die Samen von Integrität, Mitgefühl und Achtung vorhanden. Wahre Liebe beinhaltet Respekt und Ehrfurcht. Eine Liebe, die dich und den Menschen, den du zu lieben vorgibst, zerstört, die keine Selbstachtung und keinen Respekt vor dem anderen kennt, ist keine wahre Liebe. Sexuelles Fehlverhalten zerstört jeglichen Selbstrespekt und alle Achtung vor anderen Menschen.

Die Sexindustrie ist für unsere Gesellschaft in höchstem Maße entwürdigend. Das, was Sexfilme ihren Zuschauern vor Augen und Ohren führen, ist schändlich und gibt den übelsten Samen in uns Nahrung. Von Geldgier getrieben, sind die Produzenten solcher Filme weit davon entfernt, die heilsamen Samen in uns zu wässern. Ihre Produkte nähren nur die negativen Samen in uns. Sie verunreinigen unser Bewusstsein und das unserer Kinder. Filmemacher dieser Art berufen sich auf das Recht der freien Meinungsäußerung. Das ist aber keine Freiheit. Das ist Mangel an Verantwortungsbewusstsein. Wir müssen solchen Produzenten Einhalt gebieten.

In Plum Village ist es möglich, sich vor solchen Produkten zu schützen. Wer hierher kommt, weiß, dass wir uns nicht Fernsehsendungen oder Radioprogrammen aussetzen dürfen, die derartige Gifte enthalten. Wir hier wollen nichts anderes, als unsere Herzen zu öffnen für den Dharma-Regen, der die Samen von Freude, Hoffnung und Frieden in uns nährt. Damit bereiten wir den Boden für unsere Transformation und Gesundung. Uns ist klar, dass es uns nicht möglich sein wird, unser Leiden und unsere innere Unruhe zu überwinden, wenn wir weiterhin die unheilsamen Samen in unserem Innern mit gesundheitsschädlichem Wasser nähren. Wirklich Zuflucht nehmen wir erst dann, wenn wir aufhören, das zu tun.

Mit unserer Zufluchtnahme schaffen wir uns eine Umgebung, in der wir sicher sein können, geschützt vor jeder Art von Angriff. Wir wissen, dass unsere Kinder sehr verletzbar sind. Unheilsame Einflüsse strömen von allen Seiten her auf sie ein. Wir müssen sie davor schützen. Ganz gleich, ob du Mitglied eines Stadtparlaments bist, journalistisch arbeitest, Filme machst, in einem Lehrberuf oder anderswie erzieherisch tätig bist, du kannst mit dazu beitragen, dass wir alle uns – Erwachsene wie Kinder – sicher und geschützt fühlen können. Folge den Fünf Übungswegen der Achtsamkeit! Damit schützt du dich und deine Gesellschaft und wirst große Freude erfahren.

Der Vierte Übungsweg der Achtsamkeit

Im Bewusstsein des Leides, das durch unachtsame Rede und aus der Unfähigkeit, anderen zuzuhören, entsteht, bin ich entschlossen, liebevolles Sprechen und tief mitfühlendes Zuhören zu entwickeln, um meinen Mitmenschen Freude und Glück zu bereiten und ihr Leiden lindern zu helfen. Da Worte sowohl Glück als auch Leiden hervorrufen können, bin ich entschlossen, nichts Unwahres zu sagen und Worte zu gebrauchen, die Selbstvertrauen, Freude und Hoffnung wecken. Ich werde keine Nachrichten verbreiten, für deren Wahrheitsgehalt ich mich nicht verbürgen kann, und werde nichts kritisieren oder verurteilen, worüber ich selbst nichts Genaues weiß. Ich will Äußerungen unterlassen, die zu Zwietracht und Uneinigkeit führen oder zum Zerbrechen von Familien oder Gemeinschaften beitragen können. Ich will mich stets um Versöhnung und Lösung aller Konflikte bemühen, seien sie auch noch so klein.

Auch diese Übung hält uns dazu an, Achtsamkeit zu praktizieren und tief in die Natur unseres Leidens zu schauen, um einen Weg zu finden, der uns frei macht von allem, was uns beschwert. Achtsames Sprechen, liebevolles Sprechen und tiefes Zuhören gehören zu diesem Weg, den uns die Vierte Edle Wahrheit nennt. Deine Erklärung: „Ich vertraue darauf, dass mein tiefes Schauen in die Natur des Leidens mir dazu verhilft, den Pfad zur Leidensbefreiung zu erkennen" ist Ausdruck dafür, dass du dich konkret und wirklich auf dem Übungsweg befindest.

Die Fünf Achtsamkeitsübungen gründen auf der kollektiven Einsicht vieler Buddhistinnen und Buddhisten, die Achtsamkeit praktiziert haben und praktizieren. Nicht wenige Familien und Paare trennen sich heutzutage, weil ihnen achtsames und liebevolles Sprechen und tiefes Zuhören fremd ist. Wir alle sollten uns aber darin üben – nicht nur in der Familie, sondern auch in größeren Gemeinschaften – in Stadt und Land. Nehmen wir als Zuhörer an einer Parlamentsdebatte teil, so können wir interessante Beobachtungen machen. Sind die Debattierenden wirklich in der Lage und bereit, einander zuzuhören? Gelingt es ihnen wirklich, dem oder der anderen zu vermitteln, was sie als richtig erkannt haben, oder reden sie aneinander vorbei? Kann sein, dass sie überhaupt nur reden, um ihre vorgefassten Meinungen durchzusetzen, und gar nicht hören, was andere zu sagen haben. Vielleicht wollen sie aus den Erkenntnissen anderer gar nicht lernen.

Parlamente und Kongresse sind die Orte, wo die vierte Achtsamkeitsübung uneingeschränkt befolgt werden sollte. Parlamentsabgeordnete tragen eine große Verantwortung. Sie sind vom Volk gewählt worden; sie sind die Repräsentanten der Wähler. Wenn sie nicht in der Lage sind, einander zuzuhören und in der rechten Weise miteinander zu kommunizieren, wie kann unser Land dann eine gute Zukunft haben? Wie können die Regierenden dann ihr Volk verstehen? Wir leben in einer Zeit, wo die Fünf Achtsamkeitsübungen kollektiv von allen Bürgern eines Landes praktiziert werden sollten.

Im Bewusstsein des Leides, das durch unachtsamen Umgang mit Konsumgütern entsteht, gelobe ich, auf körperliche und geistige Gesundheit zu achten – sowohl meine eigene als auch die meiner Familie und meiner Gesellschaft –, indem ich achtsam esse, trinke und konsumiere. Ich will nur das zu mir nehmen, was den Frieden und das Wohl meines Körpers und meines Geistes fördert und was der kollektiven körperlichen und geistigen Gesundheit meiner Familie und der Gesellschaft dient. Ich bin entschlossen, auf Alkohol oder andere Rauschmittel zu verzichten und keine Nahrungsmittel oder andere Dinge zu konsumieren, die mir schaden könnten, wie z. B. gewisse Fernsehprogramme, Zeitschriften, Bücher, Filme und Gespräche. Ich bin mir bewusst, dass ich meinen Vorfahren, Eltern, der Gesellschaft und künftigen Generationen unrecht tue, wenn ich meinen Körper oder meinen Geist derart schädigenden Einflüssen aussetze. Ich will daran arbeiten, Gewalt, Angst, Ärger und Verwirrung in mir selbst und in der Gesellschaft zu transformieren, indem ich maßvoll lebe. Mir ist bewusst, dass eine maßvolle Lebensweise entscheidend ist für meine eigene Wandlung und für die Wandlung der Gesellschaft.

Diese sehr entscheidende Übung gibt uns Hoffnung für die Zukunft. Wenn wir sie nicht kollektiv praktizieren, können wir die gegenwärtige Situation nicht verändern. Die Fünf Achtsamkeitsübungen fassen alle Aspekte eines in Achtsamkeit geführten Lebens zusammen. Diese Achtsamkeit ist Frucht unseres Vertrauens, unserer Einsicht, unseres gesammelten Geistes und unseres stetigen Bemühens. Bemühen wir uns nicht unablässig, tief zu schauen, so können wir die Ursachen unseres Leidens nicht ausfindig machen und den Pfad nicht erkennen, der uns Befreiung bringt. Der Buddha macht uns immer wieder darauf aufmerksam, dass nichts Bestand hat, wenn ihm nicht Nahrung zugeführt wird, auch nicht unser Unwohlsein, unser Leiden. Wir können es zum Verschwinden bringen, sobald wir wissen, was wir tun müssen, um ihm die Nahrungszufuhr abzuschneiden. Was wir und unsere

Gesellschaft wirklich brauchen, ist eine richtige Diät. Um sie müssen wir uns kümmern; sie müssen wir uns selbst verschreiben.

Wie wir wissen, ist ‚Tatkraft' die zweite der Fünf Fähigkeiten. Damit ist eifriges Praktizieren gemeint, tägliches Praktizieren. Wir schenken uns selbst Vertrauen und entwickeln dadurch Vitalität. Und diese Vitalität lässt eine tiefe Sehnsucht in uns aufkommen, eine Sehnsucht nach *bodhicitta*, dem Geist der Liebe, dem Geist der Erleuchtung. Aus diesem Grund praktizieren wir voll Eifer; aus diesem Grund bemühen wir uns, achtsam zu gehen, achtsam zu sitzen, achtsam zu schauen und zuzuhören und die Fünf Achtsamkeitsübungen in unser tägliches Leben einzubringen. Indem wir das tun, gewinnt unser Leben an Qualität; wir verändern uns, werden geheilt und weisen der Gesellschaft den Pfad zur Gesundung, den Pfad des Verstehens und der Liebe.

CHRISTLICHE ZUFLUCHT

Wenn wir das Apostolische oder Nizäisch-Konstantinopolitanische Glaubensbekenntnis genau betrachten, so lassen sich darin Inhalte erkennen, die der buddhistischen Lehre entsprechen. Wir dürfen jedoch nicht vergessen, wie groß die Gefahr ist, sich in Wörtern und Begriffen zu verfangen, und dass unser Vertrauen möglicherweise nur auf Vorstellungen und Konzepten gründet und nicht auf unmittelbarer Erfahrung. Vielleicht sind unsere christlichen Freunde nach diesem Dharma-Vortrag interessiert, das Apostolische Glaubensbekenntnis noch einmal genau anzuschauen.

Ich glaube an Gott, den Vater, den Allmächtigen,
den Schöpfer des Himmels und der Erde,
und an Jesus Christus, seinen eingeborenen Sohn, unsern Herrn,
empfangen durch den Heiligen Geist,
geboren von der Jungfrau Maria,
gelitten unter Pontius Pilatus,
gekreuzigt, gestorben und begraben,
hinabgestiegen in das Reich des Todes,
am dritten Tage auferstanden von den Toten,
aufgefahren in den Himmel;
er sitzt zur Rechten Gottes, des allmächtigen Vaters;
von dort wird er kommen,
zu richten die Lebenden und die Toten.
Ich glaube an den Heiligen Geist,
die heilige katholische Kirche,
Gemeinschaft der Heiligen,
Vergebung der Sünden,
Auferstehung der Toten
und das ewige Leben. Amen.

Im Nizäischen Glaubensbekenntnis heißt es:

Wir glauben an den einen Gott, den Vater, den Allmächtigen,
der alles geschaffen hat, Himmel und Erde,
die sichtbare und die unsichtbare Welt.

Dieser Satz ist Ausdruck unseres Wunsches, heimzukehren zu unserem wahren Zuhause: der letzten Dimension.

In diesen Tagen, da wir Weihnachten feiern, mag es interessant, vielleicht sogar hilfreich sein, ein wenig über die Worte des Glaubensbekenntnisses, die ja Ausdruck unseres Vertrauens sind, nachzudenken.

Ich glaube an Gott, den Vater, den Allmächtigen, den Schöpfer des Himmels und der Erde. Gott, dem Vater, entspricht in der buddhistischen Tradition die letzte Dimension der Wirklichkeit, das Nirvana. Wir haben bereits über die Wellen und das Wasser gesprochen. Wir, die wir Zugang gefunden haben zu einem spirituellen Leben, sollten versuchen, diese andere Dimension unserer Existenz zu berühren, die letzte Dimension. Eine Welle muss das Wasser berühren, damit ihre Furcht ein Ende hat und sie alle Vorstellungen und begrifflichen Festlegungen überwinden kann. Das zu üben ist außerordentlich wichtig. Das letzte Ziel unseres Praktizierens ist es, mit dem Nirvana in Berührung zu kommen. Dann werden wir allergrößte Befreiung erfahren.

Ich glaube an Jesus Christus, seinen eingeborenen Sohn, unsern Herrn. In der buddhistischen Tradition ist der Buddha keine einmalige Erscheinung. Es gibt unzählige Buddhas – Buddhas der Vergangenheit, Buddhas der Gegenwart und Buddhas der Zukunft. Alle Buddhas verkörpern höchste Erleuchtung, tiefstes Mitgefühl. Auch wir sind zukünftige Buddhas; auch in uns ist die Buddha-Natur verborgen. Wir sind Wellen, aber in uns tragen wir das Wasser. Wir leben in der *historischen* Dimension; aber in uns ist auch die *letzte* Dimension. Deshalb gibt es im Buddhismus auch nicht nur einen einzigen Buddha. Die christliche Tradition dagegen kennt nur einen *einzigen* Gott, dessen *eingeborener* Sohn, d. h. dessen einziger Sohn, Jesus Christus ist. Das ist ein Unterschied. Das bedeutet aber nicht, dass dem Christentum die buddhistische Einsicht fremd wäre. Viele unserer christlichen Freunde, seien sie nun katholisch, protestantisch oder orthodox, wissen, dass Gott, der Vater, nicht irgendwo draußen im Raum lebt, sondern in unseren Herzen lebendig ist. Die Frage ist nur, wie wir ihn oder wie wir die letzte Dimension berühren können. Die Sakramente der Taufe, der Firmung und des Abendmahls sind lediglich Mittel, die es uns möglich machen, diese letzte Dimension zu berühren, die uns erkennen lassen, dass es sie gibt. Denkt also bitte über das Wort ‚einzig' nach. Auch *du* bist eine Tochter oder ein Sohn Gottes. Auch du bist Jesus. Wir alle sind Jesus. Jede Welle wird aus Wasser geboren. Jede

Welle trägt die Substanz Wasser in sich. Jede Welle enthält Wasser als ihre letzte Dimension.

Im Buddhismus, besonders in der Nördlichen Tradition, haben *alle* Lebewesen Buddha-Natur; wir alle sind zukünftige Buddhas. Wenn wir von uns als zukünftigen Buddhas sprechen, so haben wir die historische Dimension im Auge. Unter dem Aspekt der letzten Dimension sind wir bereits Buddhas. Die Welle ist schon Wasser.

JESUS CHRISTUS ALS UNSER LEHRER

Ob der Buddha in Kapilavastu geboren wurde oder anderswo, hat keine Bedeutung. Ob er der Sohn von Suddhodana und Mahamaya war oder von einem anderen Paar, ist unwichtig. Ob er aus dem Körper seiner Mutter aus deren Seite heraustrat oder auf gewöhnliche Weise, spielt keine Rolle. Ob er nach seiner Geburt sieben Schritte machte und in seinen Fußstapfen Lotosblumen erblühten, ist bedeutungslos. Bedeutungsvoll ist allein, dass er uns eine Lehre anbot, eine konkrete Lehre, die das Leiden zum Inhalt hat und uns den Weg weist, der aus dem Leiden herausführt. Alles, was er sagt, ist nachprüfbar. Wir können es erproben. Tun wir das, so berühren wir den Buddha Shakyamuni als eine Wirklichkeit und nicht nur als Konzeption.

Ich schlage vor, dass wir alle uns rückbesinnen und Jesus als unseren Lehrer neu entdecken. Viele unserer katholischen, protestantischen und orthodoxen Freunde haben diesen Wunsch. Sie wollen zu dem Lehrer Jesus zurückfinden und von ihm den Dharma lernen. Damit kommen sie mit dem wahren Jesus in Berührung, nicht nur mit dem Namen Jesus, nicht nur mit Jesus als Konzeption, sondern mit Jesus als einer lebendigen Wirklichkeit.

Wir wollen Jesu Dharmakaya entdecken. ‚Kaya' bedeutet ‚Körper'. Der fleischliche Körper interessiert uns dabei nicht. Wir interessieren uns für den Körper, in dem der Heilige Geist Ausdruck findet. Und das ist die Lehre Jesu Christi, das ist sein Dharmakaya. Er allein ist das für uns Entscheidende. Auch er weist Wege auf, wie wir aus unserem Leiden herausfinden können.

Was den Buddha Shakyamuni betrifft, so wissen wir, dass sein Dharma-Körper uns jederzeit verfügbar ist. Auch wir sind heute hier versammelt, um seinen Dharma-Körper zu berühren. Die Fünf Fähigkeiten, die Fünf Achtsamkeitsübungen, die Erste und die Vierte Edle Wahrheit – sie alle gehören zum Dharmakaya des Buddha als Lehrer. Wir nehmen Zuflucht zum Dharma, weil er uns hilft, uns von unserem gegenwärtigen Leiden zu befreien. Aus dem gleichen Grund brauchen wir Jesus Christus als Lehrer, und noch mehr als ihn haben wir seine Lehre nötig. Das macht der Text des Glaubensbekenntnisses nicht deutlich.

Aus den Evangelien geht die Lehre Jesu Christi klar hervor; in der theologischen Wissenschaft hingegen scheint sie keine so entscheidende Rolle zu spielen. Wir wollen dem Dharma von Jesus Raum geben – bitte lasst euch ein Wort dafür einfallen. *Ich glaube an den Heiligen Geist und die heilige katholische Kirche*. Bitte fragt euch, wie der Heilige Geist in eurem täglichen Leben zum Tragen kommen kann. Jesus Christus hat Vorschläge gemacht und den Weg gewiesen. Meiner Meinung nach reicht es nicht aus, nur die Worte zu sprechen: „Ich glaube an den Heiligen Geist." Damit wird man dem, was Jesus lehrte und anbot, nicht gerecht.

Wenn wir den Heiligen Geist als eine Art Energie verstehen, die uns hilft, lebendig und geschützt zu sein, zu verstehen und zu lieben, dann sollte er uns in konkreter Weise nahegebracht werden, dann sollten uns konkrete Verhaltensweisen aufgezeigt werden, wie zum Beispiel die Fünf Achtsamkeitsübungen es tun. Das ist etwas, worum wir uns und worum sich unsere in der christlichen Tradition stehenden Freunde bemühen können. Wo der Heilige Geist lebendig ist, ist wahres Leben, wahres Verstehen, wahre Kommunikation und wahre Liebe. Wo die Fünf Übungswege der Achtsamkeit beschritten werden, ist das Gleiche der Fall.

In der buddhistischen Tradition verkörpert die Sangha den Buddha und den Dharma. Wenn in einer Sangha nicht der wahre Buddha und der wahre Dharma lebendig sind, dann ist sie keine wahre Sangha. Wenn es in der Sangha keine Harmonie gibt, kein Mitgefühl, kein Verstehen, kein Glück, wenn sie die Achtsamkeitsübungen nicht ernst nimmt, dann ist sie keine wahre Sangha, selbst wenn Mönche und Nonnen zu ihr zählen. Der Form nach mag sie wie eine Sangha erscheinen, dem Inhalt nach aber ist sie keine, weil der Buddha und der Dharma in ihr nicht lebendig sind. Das Gleiche gilt auch für die christliche Kirche. Wenn in ihr der Vater, der Sohn, der Heilige Geist nicht lebendig sind, dann ist die Kirche keine wahre Kirche. Die Kirche muss den Vater, den Heiligen Geist und den Sohn verkörpern. Die Kirche muss Toleranz, Verstehen und Mitgefühl verkörpern, genau wie eine Sangha.

So wie in der buddhistischen Tradition ein jeder von uns die Aufgabe hat, eine Sangha zu gründen, so sollten auch in der katholischen, in der protestantischen und in der orthodoxen Kirche alle bemüht sein, ihre Kirche aufzubauen. Damit ist nicht nur ihre organisatorische Struktur gemeint. Gemeint ist, dass durch ihre Lebensführung alle mithelfen, die Kirche toleranter, verständnisvoller und mitfühlender zu machen, so dass bei jedem Kirchbesuch die Kraft des Heiligen Geistes spürbar ist. Das ist ein Aufruf an uns alle – an Buddhisten wie an Nicht-Buddhisten –; jede spirituelle Tradition kann ihm folgen.

Wenn verschiedene Traditionen einander begegnen, so kann das jeder einzelnen Tradition zu einer inneren Regeneration verhelfen. Das ist die Hoffnung, die wir in das 21. Jahrhundert setzen. Es kann keinen Frieden geben, wenn die Religionen fortwährend Konflikte untereinander austragen. Es hat in so vielen Jahrhunderten Religionskriege gegeben. Wollen wir, dass es damit ein Ende hat, so müssen die verschiedenen Traditionen offenen Herzens in einen Dialog miteinander treten.

Wir dürfen nicht vergessen, dass die Kirche für unendlich viel Leid und für viele Kriege verantwortlich gewesen ist. Unsere Aufgabe ist es, Sanghas und Kirchen so zu gestalten, dass in ihnen der Heilige Geist lebendig werden und Achtsamkeit zum Tragen kommen kann. Dann werden Toleranz und Verstehen möglich, und die wiederum bereiten dem Mitgefühl den Weg. Bitte beschreitet diesen Weg – um des Friedens und eurer Kinder und Kindeskinder willen.

Lasst uns mit dem Klang der Glocke mit der Atemmeditation beginnen!

Kapitel fünf

DIE BEDEUTUNG VON LIEBE

Liebe Sangha, heute ist der 29. Dezember 1996, und wir befinden uns im Upper Hamlet in unserem Winter-Retreat.

Lasst uns ein wenig mehr über das Thema Vertrauen und Liebe nachdenken. Üblicherweise sagen wir, dass Gott Liebe ist und dass wir ihn von ganzem Herzen lieben sollten. An anderer Stelle in den Evangelien heißt es, dass mangelnde Nächstenliebe einhergeht mit fehlender Gottesliebe.

Wollen wir wirklich verstehen, was Liebe bedeutet, so müssen wir uns über diese beiden Aussagen Gedanken machen. Wir haben neulich über Gott, den Vater, als den Grund allen Seins gesprochen, als die letzte Dimension der Wirklichkeit, des Lebens. Uns muss wirklich bewusst sein, was diese Worte bedeuten, andernfalls bleibt das, was wir sagen, belanglos.

Die letzte Dimension und die historische Dimension sind beides Dimensionen der gleichen Wirklichkeit. Wie aber sieht es mit der Beziehung der beiden Dimensionen zueinander aus? Wie wir wissen, besteht zwischen den auf dem Meer sichtbaren Wellen eine Beziehung. Alle Wellen tragen nämlich dazu bei, dass eine einzelne Welle geboren werden kann. Das erfahren wir durch Kontemplation. Schauen wir noch tiefer, so erkennen wir, dass in dieser einen Welle alle anderen Wellen enthalten sind. Das hat Gültigkeit für alles, was in der Welt existiert. Betrachten wir eine einzelne Blume, so wissen wir, dass in der Blume unendlich viele Nicht-Blume-Elemente enthalten sind – wie der Regen, der Sonnenschein, die Erde und so weiter. Wir erkennen, dass alles in dem Einen ist und das Eine in dem Vielen. Wir erkennen die Beziehung, die zwischen allen Erscheinungen besteht.

Alle Wellen haben eine Beziehung zueinander. Sie beeinflussen einander und bringen einander hervor.

Gleichzeitig aber wissen wir auch, dass es neben der Beziehung zwischen den Phänomenen untereinander – in unserem Fall also zwischen der einen Welle und den anderen Wellen – noch eine weitere Beziehung gibt, nämlich die Beziehung zwischen der Welle und dem Wasser. Jede Welle ist zugleich auch Wasser. Das Wasser ist der letzten Dimension gleichzusetzen. Wir müssen uns der Tatsache bewusst sein, dass unser Verhältnis zur letzten Dimension sich unterscheidet von unserem Verhältnis zu den Phänomenen in unserer Umwelt und dass wir uns der letzten Dimension anders zuwenden müssen, als wir das in Bezug auf die Erscheinungswelt in der historischen Dimension tun. Was die letzte Dimension betrifft, so sprechen wir nicht mehr vermittels der Wellen, der Phänomene, sondern vermittels des Wassers, der letzten Dimension, des Numinosen.

Auch zwischen Wasser und Wellen gibt es eine Beziehung. Das Wasser repräsentiert die wahre Natur, das wahre Wesen *(svabhava)*; die Wellen indessen repräsentieren die äußere Erscheinung *(lakshana)*. Wellen sind Wasser; Wellen werden aus dem Wasser heraus geboren. Darum können wir sagen, dass Wellen die Söhne und Töchter des Wassers sind. Das Wasser ist der Vater der Wellen. Das Wasser ist die Mutter der Wellen. Zwischen Wasser und Wellen besteht eine kausale Beziehung. Aber diese Art von Beziehung unterscheidet sich von der Beziehung, die die Phänomene miteinander verbindet. Untersuchen wir den phänomenalen Aspekt einer Welle, so entdecken wir alle Elemente, die zusammengekommen sind, damit diese Welle entstehen konnte. Schau dir einen Menschen an – dieser Mensch ist so, wie er ist, weil sein Vater und seine Mutter, seine Lehrer so sind, wie sie sind; weil die Gesellschaft, in der er lebt, und ihr Wirtschaftssystem so sind, wie sie sind; und weil sein kultureller Hintergrund so ist, wie er ist. Alle solche Elemente bestimmen die Form, das Wesen, den Wert, das Glück und die Schönheit eines Phänomens, wie zum Beispiel auch des Phänomens ‚Welle'.

DIE NABELSCHNÜRE

Eine Welle hat einen Vater, eine Mutter, Brüder, Schwestern und Freunde. Wir Buddhisten sagen, dass wir, so sehr wir uns auch umschauen, nichts erkennen können, was nicht unser Vater oder unsere Mutter wäre. Auch ein Kieselstein ist unsere Mutter; auch eine Wolke ist unser Vater. Auch ein Eichhörnchen ist unser Vater; auch ein Hirsch ist unsere Mutter. Das ist so, weil eine Nabelschnur uns mit allen Phänomenen um uns herum verbindet. Eine Nabelschnur verbindet uns mit der Wolke. Die Wolke ist wirklich unsere Mutter. Würden wir die Nabelschnur durchtrennen, so würde unsere Verbindung zur Wolke abreißen und wir könnten nicht überleben, denn unser Körper besteht ja zu mindestens siebzig Prozent aus Wasser. Es ist also tatsächlich so, dass die Wolke unsere Mutter ist und das Feuer unser Vater. Wir können alles, was ist, als unseren Vater und unsere Mutter bezeichnen. Der Buddha erklärte: „Alle Lebewesen sind Vater und Mutter füreinander." Das ist nur zu verstehen, wenn wir das Ganze so betrachten, wie eben beschrieben.

Wenden wir uns aber der anderen Dimension zu, der letzten Dimension, der Dimension des Numinosen, so müssen wir vorsichtig sein. Wir dürfen Wellen und Wasser nicht durcheinander bringen. Auch hier gibt es eine kausale Beziehung, aber sie ist von ganz anderer Art. Wasser und Welle befinden sich auf unterschiedlichem Niveau und müssen unterschiedlich betrachtet werden. Wir Buddhisten sprechen von der Notwendigkeit einer „getrennten Untersuchung von Numinosem und Phänomenalem".

Ein Wort, das wir benutzen, um etwas in der einen Dimension zu beschreiben, hat in der anderen Dimension nicht notwendigerweise genau die gleiche Bedeutung. Das Wort ‚Vater' zum Beispiel hat in der historischen Dimension, d.h. in der Welt der Phänomene (Welle), eine andere Bedeutung als in der letzten Dimension (Wasser). In dem Satz: ‚Vater unser, der du bist im Himmel' ist ‚Vater' nur im numinosen Sinn zu verstehen.

Der buddhistische Ausdruck ‚Nirvana' entspricht in etwa dem Wort ‚Vater' in letztgenannter Bedeutung. Nirvana ist eine in Wörtern und Begriffen nicht zu fassende Wirklichkeit. Nirvana bedeutet wörtlich ‚Erlöschen', und das bedeutet hier ‚Erlöschen von allen begrifflichen Fixierungen, von Vorstellungen und Ideen' – selbst das Wort ‚Nirvana', selbst das Wort ‚Vater' sind auszulöschen. Wir müssen also mit jedem Wort, das wir benutzen, um auf die numinose Dimension hinzuweisen, sehr vorsichtig sein. Lasst euch durch Wörter nicht verwirren und legt euch durch sie nicht fest. Wenn wir also sagen, dass wir Gott, unseren Vater, von ganzem Herzen lieben sollten, so muss uns klar sein, dass diese Art von Sprache anders verstanden werden muss als die Sprache, die wir im Bereich der historischen Dimension benutzen. Sprichst du davon, dass du das Nirvana liebst? Hat das Nirvana tatsächlich deine Liebe nötig? Wenn wir erklären: ‚Gott ist Liebe', ist diese Liebe dann wirklich von der gleichen Art wie die Liebe, die wir in der historischen Dimension empfinden?

EINE LIEBE VON MENSCH ZU MENSCH

Natürlich ist eine Welle mit allen anderen Wellen verbunden, genauso wie jedes Lebewesen mit allen anderen Lebewesen in Beziehung steht. Jesus ist eine Welle, so wie du und ich und wie der Buddha. Wir alle sind Wellen und können in der historischen Dimension berührt werden. Jesus kann als Lehrer begriffen werden, als Mensch und als Menschensohn. Gleichzeitig aber ist er auch der Sohn Gottes.

Lasst ihn uns als Menschensohn betrachten und untersuchen. Als Menschensohn konstituiert sich seine ‚Persönlichkeit' aus fünf Elementen, aus Form, Gefühlen, Wahrnehmung, Geistesformationen und Bewusstsein. Wir können ihn also als Welle sehen, als Mensch; zwischen ihm und uns gibt es eine Verwandtschaft. Ich war einmal dabei, als ein katholischer Priester während des Abendmahls Jesus als unseren Bruder anrief. Damit kommt zum Ausdruck, dass in der historischen Dimension wir alle einander Brüder und Schwestern sind. Wir sind Väter und Mütter füreinander, denn wir sind alle Söhne und Töchter des Menschengeschlechts. Unsere Beziehung zu Jesus ist also von der Art, wie sie ein Mensch zu einem anderen Menschen haben kann.

Dieser Mensch Jesus ist ein außergewöhnlicher Mensch. Er ist unser Lehrer, und als solcher verkörpert er den Weg. „Ich bin der Weg." Und der Weg ist Tao; der Weg ist der Dharma. Und weil er den Weg und den Dharma verkörpert, ist er unser Vorbild.

Jesus und wir sind durch Liebe miteinander verbunden, und diese Liebe ist erfahrbar. „Jesus liebt mich, das weiß ich gewiss." Wir sind uns dessen gewiss, weil Jesus vor allem der Menschensohn ist – er ist ein menschliches Wesen. Er setzt sich aus den fünf Elementen zusammen, und wir können die zwischen ihm und uns bestehende Liebe wahrnehmen. Ist Jesus gegenwärtig, fühlen wir uns glücklich. Diese Liebe ist spürbar, greifbar und wahrnehmbar.

DAS NIRVANA LIEBEN

In der Aussage: „Ich liebe Gott" ist mit ‚Gott' die letzte Dimension angesprochen, Gottvater. Es versteht sich von selbst, dass die Liebe, die wir unserem himmlischen Vater entgegenbringen, anderer Art ist als die Liebe zu einem menschlichen Wesen, wie sie zum Beispiel in dem Satz: „Ich liebe den Buddha" zum Ausdruck kommt. Der Buddha war ein Mensch, und jetzt ist er mein Lehrer. Mehr als vierzig Jahre seines Lebens verbrachte er damit, uns seine Einsichten und Erkenntnisse nahe zu bringen. Hin und wieder brauchte er Ananda, damit dieser ihm die Füße massierte; manchmal musste Sariputra ihm zur Seite stehen, wenn es darum ging, die Sangha zu organisieren oder mit schwierigen Schülern fertig zu werden; manchmal war er krank. Der

Buddha war ein Mensch, und unsere Liebe zu ihm ist von der Art, wie Schüler sie gegenüber ihrem Lehrer empfinden.

Sagen wir aber: „Wir sollten das Nirvana lieben“, so bedeutet das etwas ganz anderes. Ich kann das Nirvana nicht in gleicher Weise lieben, wie ich den Buddha liebe oder wie ich euch liebe. Wir müssen also verstehen, was es wirklich bedeutet, Gott zu lieben oder das Nirvana zu lieben. Lasst uns zusammen meditieren, damit wir uns von allen Wörtern und Vorstellungen befreien, mit denen wir Gott oder das Nirvana zu fassen versuchen und in denen wir uns verfangen haben.

Die buddhistische Tradition lehrt, dass der Buddha verschiedene Körper hat. Diese Betrachtungsweise mag uns helfen, auch die Dreieinigkeit zu verstehen. Da ist erstens der *Nirmanakaya*, der sichtbare, erkennbare Körper des Buddha. Er wird auch Transformationskörper genannt. Mit ihm haben wir es in unserem täglichen Leben zu tun. Ihm erweisen wir Achtung; vor seiner manifestierten oder transformierten Form verbeugen wir uns. Der Buddha kann sich als Kind manifestieren, als Frau, als Geschäftsmann, manchmal auch als Politiker. Wir müssen schon ein wenig intelligent und aufmerksam sein, um wahrnehmen zu können, als was er sich manifestiert. Doch es ist gar nicht so schwer, das zu erkennen. Der Buddha ist überall dort, wo Achtsamkeit zu finden ist, wo wir wirklich präsent sind und wo Mitgefühl und Verstehen zu Hause sind. Lasst euch nicht von dem äußeren Erscheinungsbild täuschen. Vielleicht steht ihr vor einem wahren Buddha, aber ihr überseht ihn oder sie einfach und lauft stattdessen in einen entlegenen Tempel. Ihr glaubt, im Tempel würdet ihr den Buddha treffen; doch indem ihr dorthin lauft, kehrt ihr dem wahren Buddha den Rücken. Ihr jagt einem Phantom nach. Es ist nicht der lebendige Buddha, dem ihr im Tempel begegnet; es ist nur ein Buddha aus Bronze oder Kupfer.

Es gibt einen weiteren Körper des Buddha, den *Dharmakaya*, den Körper der Lehre. Als der Buddha im Sterben lag, empfahl er seinen Schülern, mit diesem Körper in Berührung zu kommen und seinen physischen Körper nicht so wichtig zu nehmen. Neben unserem physischen Körper haben wir alle auch einen Dharma-Körper. Je weiter wir auf unserem Übungsweg vorankommen, desto offenbarer wird er und desto mehr gewinnt er an Kraft.

Der Buddha empfahl also seinen Anhängern, nach seinem physischen Dahinscheiden zu seinem Dharma-Körper Zuflucht zu nehmen. Das heißt vor allem, Zuflucht zu nehmen zu seiner Lehre, wie er sie der Gemeinschaft von Mönchen und Nonnen, ja der ganzen Welt vermittelt hat. Er erklärte: „Mein physischer Körper ist nicht so wichtig. Er ist verbraucht. Aber ich habe euch auch meinen Dharma-Körper geschenkt. Der ist wichtiger. Bemüht euch, diesen Dharma-Körper am Leben zu erhalten – um eures Glückes willen." Später wurde dem Ausdruck ‚Dharma-Körper' eine tiefere Bedeutung beigemessen – er wurde im Sinne von ‚Grund des Seins', ‚Soheit' *(tathata)* oder ‚Wirklichkeit an sich' *(bhutatathata)* gebraucht.

Wenn wir genau hinschauen, erkennen wir, dass es Unterschiede gibt zwischen unserer Liebe zum Buddha und unserer Liebe zu seinem Dharma-Körper. Der Dharma hat keine Massagen nötig, der Dharma braucht keinen Teller Suppe, denn der Dharma wird niemals krank. Uns ist klar, dass der Dharma für uns lebenswichtig ist; deshalb schenken wir ihm unser Vertrauen und unsere Liebe. Auch diese Liebe ist wirklich, aber sie unterscheidet sich doch von unserer Liebe zum Buddha als Menschen.

Lasst uns noch einmal zum Bild von den Wellen zurückkehren. Die Wellen sollten einander nicht feind sein, sondern einander lieben. Denn um zu existieren, sind sie aufeinander angewiesen. Erkennen die Wellen ihr wechselseitiges Voneinander-abhängig-Sein (‚Intersein'), so wird ihnen bewusst, dass keine einzelne Welle ohne die anderen Wellen existieren könnte. Durch tiefes Schauen wird diese Welle-zu-Welle-Beziehung sehr eng. Sie hat etwas zu tun mit der Beziehung zwischen den Wellen und dem Wasser. Wenn eine Welle ihr Verbundensein mit dem Wasser erkennt, so entwickelt sich zwischen beiden ein inniges Verhältnis: Sie weiß, dass sie schon Wasser ist. Sie braucht nicht zu sterben, um Wasser zu werden. Sie ist bereits Wasser – hier und jetzt.

Mit dem Reich Gottes ist es das Gleiche. Es ist nicht irgendwo im Raum oder in der Zeit zu finden. Du brauchst nicht zu sterben, um Eingang zu finden in das Reich Gottes; du lebst schon jetzt in ihm, nur bist du dir dessen nicht bewusst.

Manchmal sprechen wir davon, dass Gott in unseren Herzen lebe, dass das Reich Gottes in unseren Herzen sei. Aber oftmals sind wir nicht wirklich glücklich, wenn wir das sagen, weil unsere Aussage nicht auf tatsächlicher Erfahrung beruht. Der Welle mag es bewusst sein, dass sie aus Wasser besteht. Sie mag sich aber so sehr dem Leiden ausgesetzt fühlen und so große Schwierigkeiten mit den anderen Wellen haben, dass sie nicht erkennt, wie unendlich eng und innig ihr Verhältnis zum Wasser ist und dass das Wasser auch der Urgrund aller anderen Wellen ist.

Was bedeutet es, Gott von ganzem Herzen zu lieben? Es bedeutet: sich im täglichen Leben bemühen, die andere, die letzte Dimension der Wirklichkeit zu berühren, die Dimension Gottes, die Dimension des Wassers. Es ist bedauerlich, dass ihr euch immer nur der phänomenalen Welt zuwendet und euch von ihr gefangen nehmen lasst und in ihr verstrickt, ohne die Gelegenheit zur Umkehr wahrzunehmen und die tiefste Dimension eurer Existenz zu berühren.

WELLEN BERÜHREN DAS WASSER

Wenn du getauft wirst oder Zuflucht nimmst zu den Drei Juwelen, hast du die Möglichkeit, als spirituelles Kind deiner Tradition neu geboren zu werden. Taufe und Zufluchtnahme sind eine Art Stimulus oder Gelegenheit, aufzuwachen und zu erkennen, wie nötig du es hast, spirituell zu reifen.

Stell dir vor, du lässt dich an einer sehr angesehenen Universität als Student oder Studentin einschreiben. Du hast alle Papiere beisammen, bekommst einen Studentenausweis, hast Zugang zur Bibliothek und den Hörsälen und so weiter. Das darf aber nicht alles sein. Denn an einer Universität immatrikuliert zu sein, bedeutet, zu studieren. Genauso ist es mit der Taufe und der Zufluchtnahme. Es darf mit der Zeremonie nicht genug sein; du musst als Kind deiner Tradition weitermachen und so leben, dass deine spirituellen Kräfte zunehmen. Praktizierst du entsprechend der buddhistischen Tradition, so schließt du dich einer Sangha an und lernst, achtsam zu atmen und achtsam zu gehen. Du gehst auf eine Weise, die es dir möglich macht, mit jedem Schritt das Reich Gottes, das Nirvana, den Dharmakaya, den Grund deines Seins zu berühren. Du isst auf eine Weise, dass du mit jedem Bissen den gesamten Kosmos, den Körper Gottes, berühren kannst.

In Plum Village bemühen wir uns, unsere Speisen stets so zu uns zu nehmen, dass wir in wirkliche Berührung kommen mit dem ganzen Kosmos, mit dem Nirvana – mit dem Wasser. Das ist uns den ganzen Tag über möglich, nicht nur während der einen Stunde, in der wir Sitzmeditation praktizieren, oder der halben Stunde, in der wir rezitieren. Vierundzwanzig Stunden am Tag hast du die Möglichkeit, im Reich Gottes zu sein und darüber Freude zu verspüren. Die Sangha ist da, um dir dabei zu helfen. Hast du dich an der Universität eingeschrieben, deine Lehrer gefunden und dein Unterrichtsmaterial zusammengestellt, so bist du zu einem ‚Full-Time-Studenten' oder einer ‚Full-Time-Studentin' geworden. Auch in einem Übungszentrum solltest du dich wie ein ‚Full-Time-Student' verhalten und dich nicht nur während der Sitz- und Gehmeditation um dein spirituelles Vorankommen bemühen, sondern auch wenn du das Geschirr spülst oder den Tee aufbrühst.

Wenn du Gott von ganzem Herzen liebst, darfst du ihm als dem Objekt deiner Liebe nicht nur ein paar Minuten oder eine Stunde täglich widmen. Du musst vierundzwanzig Stunden lang am Tag bemüht sein, das Reich Gottes, die letzte Dimension, tief in deinem Innern zu berühren. Du kannst Gott nur dann von ganzem Herzen lieben, wenn du wirklich ein Full-Time-Student oder eine Full-Time-Übende bist.

Es gibt noch einen weiteren Aspekt der Lehre. Die Dimension des

Numinosen ist nicht dadurch zu berühren, dass wir uns aus der Welt der Erscheinungen zurückziehen. Lassen wir die historische Dimension außer Acht, so geht uns die letzte Dimension verloren, die wir berühren könnten. Wir müssen mit Gott durch seine Schöpfung in Berührung kommen. Die letzte Dimension lässt sich nur über unseren Kontakt zur historischen Dimension erfahren. Wenn wir auf ein zu Boden gefallenes welkes Blatt treten, können wir mit der letzten Dimension in Berührung kommen und die Geburt- und Todlosigkeit des Blattes erfahren.

Oberflächlich betrachtet, könnten wir glauben, das Blatt gehöre der Welt der Geburt und des Todes an. Das Blatt wurde im Monat März geboren; im Oktober fiel es zu Boden, und jetzt, gegen Ende des Jahres, setzt du deinen Fuß darauf. Wenn du nicht wirklich ganz in der Gegenwart lebst, wenn du deinen Übungsweg nicht voll Eifer und Achtsamkeit verfolgst, wenn du nicht wirklich ein Full-Time-Student bist, dann trittst du tatsächlich nur auf das der Geburt und dem Tod ausgelieferte Blatt. Wenn du dich in deinem Leben aber um spirituellen Tiefgang bemühst, wirst du, wenn du auf das Blatt trittst, die Welt der Geburt- und Todlosigkeit berühren können. Geburt und Tod sind nur äußere Erscheinungsbilder.

Kommst du in wirklich tiefe Berührung mit dem Blatt, so wirst du sehen, dass es dich anlächelt. „Hallo, meine Freundin, glaub bitte nicht, dass ich tot bin. Im nächsten Frühjahr werde ich wieder da sein. Komm dann zurück und bewundere mich in meiner grünen Farbe."

Auch dir ist die Natur der Geburt- und Todlosigkeit eigen. Bist du erst einmal mit dieser deiner wahren Natur in Berührung gekommen, dann wird all deine Angst schwinden. Angstlosigkeit *(abhaya)* ist die größte Befreiung, die du erfahren kannst, und diese Befreiung wirst du erlangen, indem du das Nirvana berührst, den letzten Grund, Gott, den Vater.

Wie können wir das Nirvana berühren? Dadurch, dass wir das berühren, was wir in der Welt der Erscheinungen antreffen. Berührst du eine Welle tief, so berührst du gleichzeitig alle anderen Wellen, denn die Wellen sind durch ‚Intersein' miteinander verbunden. Wenn du also eine berührst, so berührst du sie alle. Kaust du ein Stückchen Brot, so hast du teil am gesamten Kosmos und hast das ewige Leben, denn das Stückchen Brot ist dein Körper und der Körper des gesamten Kosmos. Von welcher Qualität deine Art zu essen, zu gehen und zu berühren ist, hängt von deiner Konzentration und Präsenz im Hier und Jetzt ab.

Wenn du mit der letzten Dimension in Berührung kommst, hast du die historische Dimension keineswegs verlassen. Die Beziehung von Welle zu Wasser ist in einer bestimmten Weise verknüpft mit der Beziehung von Welle zu Welle. So sehen es auch die Evangelien. Du kannst Gott nicht lieben, wenn du es nicht schaffst, deinen Nächsten zu lieben. Bevor du Gott zu Ehren irgendwelche Opfergaben auf den Altar legst, musst du dich mit deinem Nachbarn versöhnen. Denn sich mit dem Nachbarn versöhnen heißt: sich mit Gott versöhnen. Das bedeutet, dass du Gott nur durch seine Geschöpfe berühren kannst. Wenn du nicht fähig bist zur Menschenliebe, weißt du nicht, was wahre Liebe, was Gottesliebe ist.

Nur wenn du es lernst, die Welt der Geburt und des Todes zu berühren, kannst du mit der Welt der Geburt- und Todlosigkeit in Berührung kommen. Das ist die Botschaft, die das Blatt und alle anderen Erscheinungen dir vermitteln. Gelingt es dir, ein Blatt oder eine Welle oder einen Menschen tief zu berühren, so erlangst du Einsicht in die Natur des wechselseitigen Verwobenseins von allem Seienden. Du kommst mit der Natur der Unbeständigkeit, des Nicht-Selbst, des Interseins in Berührung. Indem du das tust, berührst du den letzten Grund: Du berührst Gott, du berührst das Nirvana. Wir unterscheiden gemeinhin zwischen der letzten und der historischen Dimension. Tatsächlich aber sind die beiden Dimensionen nicht voneinander zu trennen. Wir müssen uns von der Illusion, dass sie etwas Verschiedenes seien, befreien.

OHNE LEIDEN KEIN GLÜCK

Wir alle verspüren den Wunsch, an einen Ort zu gehen, wo es kein Leiden gibt, wo nur Frieden und Glück zu Hause sind. Vielleicht hältst du das Reich Gottes für solch einen Platz – oder das Reine Land. Wir neigen dazu zu glauben, dass wir an diesen Ort gelangen könnten, indem wir aus unserer leidvollen, verwirrten und unheilen Welt flüchten. Zorn und Hass, Verzweiflung, Kummer und Angst sind die geistigen Verunreinigungen, die uns Leiden bringen. Wenn du sehr leidest, wird der Wunsch, dich vom Leiden zu befreien, sehr stark. Du möchtest dein Leiden hinter dir lassen. „Ich möchte so nicht weiterleben! Ich möchte, dass Schluss damit ist! Haltet die Welt an! Ich will aussteigen!"

Schau tief, und du wirst erkennen, dass Glück und Wohlergehen nicht getrennt werden können von Leiden und Unwohlsein. Auch zwischen Glück und Leiden besteht ‚Intersein'. Du musst dich von einer Illusion befreien – von der Illusion, dass Glück ohne Leiden möglich sei, dass Wohlergehen ohne Unwohlsein bestehen könne und rechts ohne links.

Wenn du nicht weißt, was Hunger ist, wirst du niemals erfahren, was für ein angenehmes Gefühl es ist, etwas zu essen zu haben. Was ist dir lieber – keinen Augenblick deines Lebens Hunger zu spüren oder zuweilen hungrig zu sein, um voller Freude Brot, Butter und Müsli essen zu können? Stell dir einen Menschen vor, der niemals hungrig ist. Er wird am Essen überhaupt keine Freude haben. Ich halte es für einen Vorzug, von Zeit zu Zeit hungrig zu sein, denn nur so kannst du dein Essen wirklich genießen. Wenn du keinen Durst verspürst, reizt dich kein einziges Getränk – nicht einmal Coca-Cola. Würdest du nicht leiden, wüsstest du nicht, was Glück ist.

Ich glaube, erst wenn wir ein wenig leiden, erkennen und wertschätzen wir das Glück, das uns verfügbar ist. Macht euch bitte klar, dass es für viele Menschen etwas Wunderbares ist, problemlos ein-

und ausatmen zu können. Wer unter Asthma oder einer Lungeninfektion leidet, wer Schnupfen hat oder sich in einem Raum mit stickiger Luft aufhalten muss, ist schon glücklich, wenn er die frische Luft im Freien atmen kann, intakte Lungen hat oder eine nicht verstopfte Nase. Es gibt dann nichts Schöneres, als ohne Schwierigkeiten ein- und ausatmen zu können.

Glücklich sein kannst du auch, wenn du zwei gesunde Füße hast, die dich problemlos tragen und gehen lassen. Hast du dir ein Bein gebrochen, den Fuß verstaucht oder fühlst dich krank, so leidest du, denn du kannst nicht aufstehen und nach draußen gehen, so verlockend es dort auch sein mag. In diesen Augenblicken erkennst du, dass gehen zu können, frei atmen zu können und den blauen Himmel anschauen zu können, eine Freude ist. Wir alle brauchen ein bestimmtes Maß an Leiden, um das uns zur Verfügung stehende Wohl und Glück zu erkennen und wertzuschätzen. Wir brauchen die Dunkelheit, um uns am herrlichen Morgen zu erfreuen.

OHNE LEIDEN KEINE LIEBE

Stell dir ein Land vor, in dem es überhaupt kein Leiden gibt. Dort zu leben, macht die Menschen keineswegs glücklich. Die Freude, am Leben zu sein, können wir erst dann erfahren, wenn wir wissen, was ‚Sterben' ist. Die Freude, gesund zu sein, gehen und laufen und atmen zu können, kann erst dann aufkommen, wenn wir erfahren haben, was Krankheit und Tod bedeuten. Wir sollten noch einmal überprüfen, ob unsere Sehnsucht nach einem Ort, an dem es kein Leiden gibt, wirklich gerechtfertigt ist, ob unser Hoffen und Wünschen nicht ein blindes Hoffen und Wünschen ist.

Wir sollten erkennen, wie absurd und unmöglich es ist, zu meinen, ein Reines Land, ein Buddhaland oder Paradies sei ein Ort, an dem es kein Leiden gebe, an dem die Menschen nichts anderes als nur Glück in ihrem täglichen Leben erführen. Meinem Verständnis nach ist das Paradies ein Ort, wo alle Wesen einander liebevoll und mitfühlend begegnen. In dem Augenblick, wo der Bodhisattva des Mitgefühls die Hölle betritt, hört die Hölle auf, eine Hölle zu sein, denn wo er ist, ist auch Liebe.

Auch Liebe kann ohne Leiden nicht existieren. Tatsächlich ist das Leiden der Boden, aus dem heraus Liebe erwächst. In dir wäre keine Liebe und du würdest auch nicht verstehen, was Liebe bedeutet, wenn du nicht selbst gelitten hättest und wenn du das Leiden anderer Lebewesen nicht miterlebt hättest. Ohne Leiden könnten sich kein Mitgefühl, keine liebende Güte, keine Toleranz und kein Verstehen entwickeln. Möchtest du wirklich an einem Ort leben, wo es kein Leiden gibt? Würdest du an solch einem Ort leben, so würdest du nicht erfahren können, was Liebe ist. Liebe wird aus Leiden geboren.

Du weißt, was es bedeutet zu leiden. Du möchtest nicht leiden und möchtest nicht die Ursache sein, dass andere Menschen leiden, und so wird Liebe in dir geboren. Du möchtest glücklich sein und andere glücklich machen. Das ist Liebe. Leiden macht es möglich, dass Mitgefühl geboren wird. Wir müssen das Leiden berühren, damit unser Mitgefühl geboren und genährt werden kann. Darum spielt das Leiden eine solch wichtige Rolle selbst hier in unserem Paradies. Vielleicht sind wir uns dessen nicht bewusst, aber wir leben schon in einer Art von Paradies, umgeben von Liebe, obwohl in uns und in unserer Umgebung auch noch Eifersucht, Hass, Zorn und Leiden zu finden sind.

Wir bemühen uns, uns von dem Zugriff des Leidens und der Qualen zu befreien, und so lernen wir es, zu lieben und zu verstehen, uns um unser aller Wohlergehen zu kümmern und keinem Wesen noch mehr Leiden zuzufügen. Liebe muss geübt werden, und wenn du nicht weißt, was Leiden bedeutet, bist du nicht motiviert, allen Wesen Mitgefühl, Liebe und Verstehen entgegenzubringen.

Ich wäre nicht bereit, an einem Ort zu leben, wo es kein Leiden gibt, denn ich weiß, dass ich dort nicht erfahren könnte, was Liebe ist.

Weil ich leide, brauche ich Liebe. Weil du leidest, brauchst du Liebe. Weil wir leiden, wissen wir, dass es nötig ist, die Liebe in uns zur Entfaltung zu bringen und einander mit Liebe zu begegnen.

Der Buddha der Liebe, Maitreya, wird niemals in eine Welt geboren werden, in der es kein Leiden gibt. Er wird in einer Welt des Leidens erscheinen; sie ist der rechte Ort für ihn, denn Leiden ist das Element, aus dem sich Liebe entwickeln kann. Lasst uns nicht naiv sein und diese Welt des Leidens verlassen wollen. Lasst uns nicht hoffen, dass ein anderer Ort uns glücklicher machen könnte – ganz gleich, ob wir ihn das Nirvana oder das Reich Gottes oder das Reine Land nennen. Ihr wisst, dass das Element, aus dem heraus sich Liebe entfalten kann, euer eigenes Leiden ist und das Leiden, das ihr jeden Tag um euch herum erfahrt.

DAS REINE LAND LIEGT IM HIER UND JETZT

Im ‚Reinen-Land-Sutra', das ich ins Vietnamesische übersetzt habe, gibt es einen Satz, der mich in den letzten Jahren sehr irritiert hat. Er lautet: „Die Menschen, die im Reinen Land leben, erfahren niemals Leiden, sie erfahren nur Glück." Wegen dieses einen Satzes mochte ich das Sutra nicht. Aber ich habe das Sutra übersetzt, weil eines Nachts, als ich nicht schlafen konnte, die Stimme meines Herzens mir riet, das zu tun.

Hin und wieder sind Sätze dieser Art in den Sutras zu finden. Der buddhistischen Lehre zufolge gibt es Aussagen, die die absolute Wahrheit widerspiegeln, und solche, die nur die relative Wahrheit ausdrücken. Ich akzeptiere diesen Satz also als eine Aussage auf der Basis der relativen Wahrheit.

Im Matthäus- und auch im Markus-Evangelium gibt es gleichfalls einen Satz, der mich verwirrt. Es ist der Ausruf, den Jesus tat, bevor er starb. Er rief: „Mein Gott, mein Gott, warum hast du mich verlassen?

– Eli, Eli, lama sabachthani?" Das ist ein mich beunruhigender Satz. Wie kann der Gottessohn, der eins ist mit Gottvater, davon sprechen, verlassen worden zu sein? Wenn das Wasser eins ist mit der Welle, wie ist es dann vorstellbar, dass das Wasser die Welle verlässt? Wir müssen also, wenn wir uns mit den Sutras oder den Evangelien beschäftigen, auf der Hut sein. Wir dürfen uns nicht durch ein einzelnes Wort, einen einzelnen Satz oder eine einzelne Aussage verwirren lassen. Wir müssen den Dharma-Körper weiträumig überschauen.

Ich bin der Weg. Der Weg bin ich. Ich bin der Sohn Gottes und auch der Menschensohn. Das ist eine klare und deutliche Aussage. Die Klage, dass das Wasser die Welle verlassen hat, lässt nicht die gleiche Einsicht erkennen. Die Voraussetzung dafür, dass wir Gott lieben, das Nirvana lieben, das Wasser lieben, ist, dass wir wirklich hineingeboren werden in ein spirituelles Leben. Wir müssen all unsere Zeit und Lebensenergie der Aufgabe widmen, den tiefsten Grund unseres Seins zu berühren und zu verwirklichen. Danach muss all unser Sinn stehen, und als spirituell Praktizierende haben wir uns nach Kräften zu bemühen, diese Aufgabe zu erfüllen. So, wie wir an der Universität als Full-Time-Student oder Full-Time-Studentin studieren, so müssen wir zusammen mit unseren Sangha-Mitgliedern unsere ganze Zeit und Kraft für die Erlangung dieses Ziels einsetzen. Das Reine Land des Buddha Amita (Amitabha) ist wie eine Universität, an der alle Studenten Full-Time-Studenten sind.

In dem von mir übersetzten ‚Reinen-Land-Sutra' gibt es einen sehr schönen Satz. Er lautet: „Liebe Freunde, wenn ihr mich vom Buddha, von seinem Land und seiner Gemeinschaft sprechen hört, so solltet ihr geloben, in dieses Land hineingeboren zu werden. Denn in dieses Land hineingeboren zu werden bedeutet, ständig mit guten und liebenswerten Menschen zusammenzuleben."

Wo liegt dieses Reine Land? Wie können wir in dieses Land hineingeboren werden? Für mich ist das Reine Land genau hier, es ist im Hier und Jetzt zu finden. Jeder von uns ist der Buddha Amita, denn auch in uns ist die Energie der Liebe lebendig, der Geist der Liebe, das tiefe Verlangen, vielen Menschen zum Glück zu verhelfen. Jeder von uns muss sich wie der Buddha Amita verhalten, um ein Reines Land zu schaffen, so dass wir alle die Gelegenheit haben, in solch einer sicheren und von Liebe erfüllten Umgebung zu leben, wo jeder als Full-Time-Student praktizieren kann. Wir alle müssen von dem Wunsch beseelt sein, ein Reines Land zu schaffen, ein Praxis-Zentrum oder eine Gemeinschaft, wo die Menschen sich gemeinsam in Liebe üben können.

Es ist nicht schwierig, in diese Gemeinschaft, in dieses Reine Land hineingeboren zu werden. Du brauchst nur anzurufen und zu fragen: „Kann ich kommen? Habt ihr ein Zimmer für mich?“ Seine Bewohner werden dich willkommen heißen, wenn du dort ankommst, und dich ermutigen, ein Full-Time-Student oder eine Full-Time-Studentin zu werden. Du solltest den Mut haben, dich von allem zu lösen, was dich daran hindert, in das Reine Land geboren zu werden.

Ganz gleich, ob du in Amerika, Australien, Europa oder Afrika lebst, dein Wunsch sollte es sein, zum Wohle aller Wesen ein solch Reines Land zu schaffen – einer Art Universität gleich, wo jeder ein Full-Time-Student oder eine Full-Time-Studentin werden kann. Mit dem Beistand einer Sangha und mit dem Reinen Land als Fundament fällt es uns viel leichter, die Zeit und Kraft aufzubringen, die nötig sind, um den wahren Grund unseres Seins zu berühren. Gelingt uns das, so befreien wir uns und erfahren, wie unsere Liebe zum Wohle vieler an Kraft zunimmt.

Wir sollten es dem Buddha Amita nachtun und nicht nur ein oder zwei Menschen glücklich machen wollen, sondern mehr Ehrgeiz entwickeln und geloben, vielen Menschen zu ihrem Glück zu verhelfen. Das können wir tun, indem wir ein Reines Land errichten, ein Reines Land in Afrika, in Asien, in Australien, in Amerika, in Europa – in allen fünf Kontinenten also. Wir alle streben nach Erleuchtung, wir alle wollen der Liebe in unserem Leben Raum geben.

Wer ist der Buddha Amita? Du solltest sein wie er, denn er ist ein Wesen, dessen Licht unendlich weit reicht und viele Welten erreichen kann. Das ‚Reine-Land-Sutra' beschreibt den Buddha Amita folgendermaßen:

Sariputra, warum heißt dieser Buddha Amita? – Weil er unendlich viel Licht ausstrahlt. Und weil sein Licht ungehindert zahllose Welten ringsum berühren kann.

Dieses Licht ist das Licht der Achtsamkeit, das Licht der Liebe, das Licht, das durch Praktizieren erzeugt wird.

Sariputra, warum heißt dieser Buddha Amita? – Weil seine Lebenszeit, genau wie die Lebenszeit aller Wesen in seinem Land, unbegrenzt ist.

Seine und auch unsere Lebenszeit ist unbegrenzt, weil Achtsamkeit, Mitgefühl und tiefes Schauen ihm und uns helfen, das Reich der Geburt- und Todlosigkeit zu erkennen und zu berühren.

Kapitel sechs

JESUS UND BUDDHA ALS BRÜDER

Liebe Freunde, heute ist der 24. Dezember 1997. Wir befinden uns im Lower Hamlet von Plum Village.

In meinem Dharma-Vortrag möchte ich zunächst ein wenig über meinen Umgang mit der Glocke sprechen, über den Klang der Glocke, denn später am Abend werden wir die Glocke oft hören können.

MIT DEM KLANG DER GLOCKE SCHICKE ICH MEIN HERZ AUF DEN WEG

Als kleines Kind besuchte ich zusammen mit meiner Mutter, meiner Schwester und meinem Vater immer den buddhistischen Tempel unseres Dorfes. Ich hörte den Klang der Glocke, aber ich konnte nicht viel damit anfangen. Ich erinnere mich noch, dass es Leute gab, die nicht aufhörten zu sprechen, wenn die Glocke erklang.

Mit sechzehn Jahren wurde ich Mönch, und damals, als Novize, entdeckte ich zum ersten Mal, welche Rolle der Klang der Glocke spielt, wenn wir dem buddhistischen Übungsweg folgen. Man gab mir ein kleines Büchlein, das ich auswendig lernen sollte. In ihm enthalten waren fünfundfünfzig kurze Sprüche oder Gathas, von denen einige davon sprachen, wie die Glocke zum Erklingen gebracht werden sollte und wie dem Klang zu lauschen sei. Ich fand diese Sprüche wunderbar. Es war das erste Mal, dass ich erfuhr, wie bedeutsam die Glocke im Leben eines Mönchs oder einer Nonne und jedes anderen Menschen ist, der im Sinne der buddhistischen Lehre praktiziert.

Wir hier in Plum Village sagen nicht, dass wir die Glocke anschlagen, um sie zum Erklingen zu bringen, sondern wir ‚laden sie dazu ein'. Das klingt freundlicher. Bevor du die Glocke einlädst zu erklingen, atmest du tief ein und aus und sprichst folgende Gatha:

Körper, Wort und Geist in vollkommener Einheit,
schicke ich mein Herz mit dem Klang der Glocke auf den Weg.
Mögen die Menschen, die ihn wahrnehmen,
aus ihrer Achtlosigkeit erwachen
und alle Ängste und Sorgen überwinden.

Atme ein, wenn du die erste Zeile sprichst, und atme aus bei der zweiten. Bei der dritten atme wieder ein, und atme aus bei der vierten. Sprich nicht laut, sondern rezitiere leise im Geist. Hast du dir diese vier Zeilen ins Gedächtnis gerufen, so wirst du eine große Ruhe und innere Stabilität verspüren. Jetzt darfst du die Glocke berühren.

Mit dem Klang der Glocke schickst du deine Liebe, deine Grüße, deine guten Wünsche auf den Weg zu all den Menschen, die die Glocke hören werden. Du wünschst ihnen, dass ihr Leiden ein Ende haben möge und sie anfangen, achtsames Atmen zu praktizieren. Du wünschst ihnen die Kraft, die Energie von Frieden und Freude in sich zu entwickeln, so dass die in ihnen vorhandene Energie von Zorn, Leiden und Verzweiflung transformiert werden kann. Die Glocke zum Erklingen zu bringen und ihren Klang zu den Menschen der Umgebung zu schicken ist also eine Handlung, in der sich viel Mitgefühl ausdrückt. Du kannst sie nur ausführen, wenn du dein ganzes Herz mit auf den Weg schickst.

Ich lernte auch ein Gedicht, in dem es darum geht, wie wir dem Klang der Glocke lauschen sollen. Wir müssen tiefes Zuhören praktizieren.

Während ich dem Klang der Glocke lausche,
fühle ich, wie sich aller Schmerz in meinem Innern auflöst.

Mein Geist ist ruhig und mein Körper entspannt.
Ein Lächeln wird auf meinen Lippen geboren.
Ich folge dem Klang der Glocke
und kehre zurück zur Insel der Achtsamkeit,
und im Garten meines Herzens erblühen die Blumen des Friedens.

Lasst uns diese Sprüche oder Gathas auswendig lernen, um dem Klang der Glocke in rechter Weise zu lauschen. Gelingt uns das, so erzeugen wir die Energie von Frieden, Freude und Stabilität in uns.

Am heutigen 24. Dezember werden wir zusammen Sitzmeditation praktizieren. Diese Meditation wird aber etwas Besonderes sein, denn nach fünfzehn Minuten werden wir den Klang der Glocken einer orthodoxen Kirche im nördlichen Russland hören. Wir werden sehr still sitzen – stabil wie ein Berg und frei wie die Luft – und etwa zwanzig Minuten lang diesem Klang lauschen. Wir werden es dem Klang der Glocken erlauben, die Samen von Liebe, Freude, Frieden und Stabilität in uns zu berühren, so dass sie in den Feldern unserer Herzen wie Blumen anfangen zu blühen. Vielleicht gelingt es uns, die wahre Natur der Glocke zu erkennen. Ganz gleich, ob es sich um den Klang einer Glocke in einem buddhistischen Tempel, in einer orthodoxen, katholischen oder protestantischen Kirche handelt, seine wahre Natur ist immer dieselbe.

DIE SEELE DES ALTEN EUROPA

In meiner Heimat hörte ich nicht nur die Glocken der buddhistischen Tempel, sondern hin und wieder auch die Glocken der katholischen Kirche. Der Klang dieser Glocken berührte mich nicht sonderlich. Das erste Mal, dass mich Kirchenglocken tief ansprachen, war während meines Besuches in Prag im Frühjahr 1992. Zuvor hatten wir in Russland und anderen osteuropäischen Ländern Retreats abgehalten und Tage der Achtsamkeit angeboten. Auch in Prag fand ein solches Retreat statt. Nach mehreren Tagen harter Arbeit nahmen wir uns einen Tag frei, um die prachtvolle Stadt zu besichtigen. Zusammen mit einigen Freunden und Mönchen und Nonnen schlenderte ich langsam durch die engen Sträßchen. In einer kleinen Kirche schauten wir uns gerade hübsche Ansichtskarten an, als plötzlich die Kirchenglocken erklangen. Diesmal berührte mich ihr Klang zutiefst. Wie ihr wisst, hatte ich auch in Europa schon oft – in Frankreich, in der Schweiz und in vielen anderen Ländern – die Glocken läuten hören. Niemals aber war ich so tief berührt gewesen wie hier in Prag. Ich hatte das Gefühl, zum ersten Mal die Seele des alten Europa wirklich zu berühren. Ich lebte damals schon lange in Europa; hatte viel gesehen, viel über die europäische Kultur und Bildung gelernt und stand in engem Kontakt mit vielen Europäern. Aber erst jetzt, als ich in dieser kleinen Kirche in Prag stand, war ich imstande, die Seele Europas im Tiefsten zu berühren. Der Klang der Kirchenglocken hatte mir dazu verholfen.

Alles Gute braucht seine Zeit, um zu reifen. Wenn genügend Bedingungen zusammenkommen, kommt das zum Vorschein, was lange Zeit latent in uns geschlummert hat. Mein erster Besuch in Europa fand zur Zeit des Vietnam-Kriegs statt. Ich setzte mich dafür ein, dass das Töten in meiner Heimat beendet würde, und hatte alle Hände voll zu tun. Ich reiste herum, sprach mit vielen Menschen und nahm an Pressekonferenzen teil. Ich war immer in Eile und hatte nicht ausreichend Zeit, um mit der europäischen Kultur und Zivilisation in engeren Kontakt zu kommen. Während des Zweiten Weltkriegs war Prag nicht zerstört worden. Es war eine wunderschöne Stadt, die unversehrt geblieben war. Das machte es wohl möglich, dass ich urplötzlich mit der Seele Europas in Berührung kam. Der Glockenklang war der Auslöser dafür.

Bist du fest in deiner eigenen spirituellen Tradition verwurzelt, so fällt es dir leichter, eine andere Tradition zu verstehen. Es ist genauso wie mit einem Baum, der gesunde Wurzeln hat. Wird er verpflanzt, so werden seine Wurzeln keine Schwierigkeiten haben, die Nährstoffe aus der neuen Erde herauszuholen. Hat er aber nur wenige kümmerliche Wurzeln, so wird er die nährenden Elemente nicht aufnehmen können.

In Prag blieben wir ganz still stehen und lauschten dem Glockenklang. Hinter ihm hörte ich aber noch etwas anderes: das Geräusch von tropfendem Wasser. Dieses Geräusch hatte aber mit der Stadt Prag nichts zu tun. Es kam aus der Tiefe meiner Erinnerung; es führte mich zurück in eine Zeit, da ich ein kleiner Junge war.

ICH TREFFE MEINEN EINSIEDLER

Ich war ungefähr elf Jahre alt und befand mich auf einem kleinen Berg in Nordvietnam mit Namen *Na Son*. Zusammen mit mehreren hundert Schuljungen und -mädchen hatten wir den Berg erstiegen. Da wir keine Erfahrung mit der Kletter-Meditation hatten, das heißt, weil wir während unseres Aufstiegs nicht achtsam und bedacht waren, sondern stürmisch und schnell nach oben drängten, waren wir schon auf halbem Wege völlig erschöpft und durstig. Unser Wasser hatten wir längst ausgetrunken. Mir war zu Ohren gekommen, dass hoch oben auf dem Berg ein Einsiedler lebte, der sich bemühte, ein Buddha zu werden. Ich hatte noch nie einen Einsiedler gesehen, folglich war ich an diesem Tag sehr aufgeregt. Ich wollte den Einsiedler unbedingt sehen, wollte sehen, wie er lebte, um ein Buddha zu werden.

Drei Jahre zuvor, als ich acht Jahre alt war, hatte ich in einer buddhistischen Zeitschrift die zeichnerische Darstellung eines Buddha gesehen. Der Buddha saß inmitten von frischem grünem Gras. Er sah so unendlich friedlich, so entspannt, so glücklich aus! Ich war tief beeindruckt. Die Leute um mich herum waren nicht so ruhig, und das machte mich unzufrieden. Als ich das Bild vom Buddha betrachtete, verspürte ich plötzlich den dringenden Wunsch, so zu werden wie er – friedlich, entspannt und glücklich. Aus dem Grund war ich so erregt, als ich hörte, oben auf dem Berg würde ein Einsiedler leben, der entsprechend der Lehre des Buddha lebte, um selber ein Buddha zu werden. Als wir jedoch oben angekommen waren, stellte sich heraus, dass der Einsiedler nicht da war, und ich war tief enttäuscht. Vermutlich hatte er sich irgendwo im Wald versteckt, denn ein Einsiedler ist ja ein Mensch, der allein leben und nicht mit mehreren hundert Kindern auf einmal konfrontiert werden möchte. Doch gab ich meine Hoffnung nicht auf.

Ich gehörte zu einer Gruppe von fünf Jungen, die zusammen picknicken sollten. An Vorräten hatten wir Reis und Sesamsamen mitgebracht. Das Wasser war uns, wie schon gesagt, ausgegangen. Ich verließ meine Freunde und ging allein in den Wald. Dort, so hoffte ich, würde ich den Einsiedler in seinem Versteck entdecken. Nach ein paar Minuten gelangte das Geräusch von tropfendem Wasser an mein Ohr. Es klang unwahrscheinlich schön, wie Musik. Ich folgte dem Klang und stand plötzlich vor einem wunderschönen natürlichen Brunnen. Das Wasser war ganz klar, ich konnte alles auf dem Grund erkennen.

Als ich diesen Brunnen erblickte, durchströmte mich ein Glücksgefühl. Der Brunnen war von niemandem erbaut worden. Steine hatten eine Art natürliches Becken geformt, in das unaufhörlich Wasser tropfte. Dieses Tropfen hatte mir den Weg gewiesen zu diesem herrlichen Fleckchen Erde. Ich kniete nieder, schöpfte mit beiden Händen Wasser und trank. Nie zuvor hatte ich Wasser getrunken, das so wohlschmeckend war. Ich war unendlich durstig.

Ich hatte viele Märchen gelesen und war von ihnen beeinflusst. Ich glaubte, der Einsiedler habe sich in diesen Brunnen verwandelt, damit ich ihn privat treffen könne. Als ich meinen Durst gelöscht hatte, war ich wunschlos glücklich und zufrieden; selbst der Wunsch, dem Einsiedler zu begegnen, war vergangen. Ich glaubte ja, der Einsiedler wäre der Brunnen.

Ich legte mich hin, blickte hoch zum wunderschönen blauen Himmel, und weil ich so müde war, fiel ich in einen tiefen Schlaf. Als ich wieder aufwachte, wusste ich nicht, wo ich war. Erst allmählich wurde mir klar, dass ich mich hoch oben auf dem Berg *Na Son* befand. Voller Bedauern machte ich mich auf den Weg nach unten, wo die anderen vier Jungen mit dem Essen auf mich warteten. Nur schwer konnte ich mich von dem Brunnen trennen. Unterwegs kam mir immer wieder ein Satz in den Sinn – auf Französisch. Er lautete: „Ich habe das delikateste Wasser der Welt gekostet."

Den anderen Jungen erzählte ich nichts von dem, was ich erlebt hatte. Ich wollte es als mein Geheimnis behalten. Ich glaubte, mir würde etwas verloren gehen, wenn ich den Jungen davon berichtete. Ich war fest davon überzeugt, den Einsiedler getroffen zu haben.

In Prag nun erlebte ich, wie hinter dem Klang der Glocken, dem ich lauschte, das tropfende Wasser zu hören war, so wie ich es vernommen hatte, als ich ein Junge von elf Jahren war. Mir wurde klar, dass dieser Klang mir geholfen hatte, den Klang der Kirchenglocken tief zu berühren. Der Klang des tropfenden Wassers steht für meine eigene spirituelle Tradition, für die Tradition, in der ich meine Wurzeln habe. Der Klang der Kirchenglocken steht für eine andere Tradition, für die christliche. Die erste half mir, mit der zweiten in Berührung zu kommen.

Ich glaube, es ist sehr wichtig, dass wir in der eigenen Tradition wurzeln, wollen wir spirituell voneinander lernen. Wir wollen nicht, dass Menschen sich von ihren Traditionen entfernen. Wir wollen, dass sie zurückfinden zu ihren Wurzeln. Dabei mag ihnen der buddhistische Übungsweg helfen.

In meinem Heimatland wurde eine Menge Leiden dadurch verursacht, dass Missionare versuchten, uns unserer eigenen Tradition zu entfremden. Sie erklärten, wir könnten nur dann erlöst werden, wenn wir unsere alten Traditionen, unser buddhistisches Praktizieren aufgäben. Etwas Derartiges haben wir keinesfalls mit unseren Freunden im Sinn, die der christlichen oder einer anderen Tradition entsprechend praktizieren.

Ich erkannte, dass ich von dem Augenblick an, da ich in Prag die Glocken hörte, anfing, auch in der europäischen Kultur Wurzeln zu schlagen. Bist du tief mit deiner eigenen Kultur verbunden, so hast du die Chance, auch mit einer anderen Kultur in tiefe Berührung zu kommen und in ihr zu verwurzeln.

RÜCKKEHR ZU DEN EIGENEN WURZELN

Es gibt Vietnamesen, die in ihrem Heimatland unendlich gelitten haben – wegen ihrer Familie, wegen der Politik ihrer Regierung, wegen der Teilung ihres Landes, wegen des Krieges. Sie haben einen Hass auf alles entwickelt, was mit Vietnam zu tun hat. Sie hassen ihre Familie, ihre Vorfahren, ihre Gesellschaft, ihre Regierung und ihre Kultur, weil ihr Leiden so groß gewesen ist. Sie sind nach Europa oder Amerika gegangen und wollen nur noch Europäer oder Amerikaner sein. Alles Vietnamesische versuchen sie hinter sich zu lassen. Sie sind entschlossen, keine Vietnamesen mehr zu sein; sie wollen ihre Wurzeln vollkommen vergessen. Kann ihnen das gelingen? Ist es möglich, die eigene Herkunft über Bord zu werfen und sich in eine ganz andere Person zu verwandeln? Die Antwort ist ‚Nein'! Ich habe viele getroffen, die sich jahrelang abgemüht haben, ihre vietnamesische Herkunft zu verleugnen in der Hoffnung, eine andere Identität anzunehmen. Sie haben es nicht geschafft, und ich ermutige sie, zu ihren Wurzeln zurückzukehren.

Während der dreißig Jahre, in denen ich den Dharma im Westen vermittelt habe, bin ich immer wieder Europäern und Amerikanern begegnet, die ebensolche Verletzungen und Sehnsüchte mit sich herumtragen. Sie wollen nichts mehr mit ihren Familien, ihrer Kirche, ihrer Gesellschaft und ihrer Kultur zu tun haben – sie haben zu sehr gelitten. Sie wollen als andere Menschen weiterleben – als Inder, Chinesen oder Vietnamesen. Sie wollen Buddhisten werden, weil sie die spirituelle Tradition, in der sie aufgewachsen sind, hassen. Gelingt es ihnen, alles hinter sich zu lassen und über die eigene Herkunft völlig hinwegzusehen? Die Antwort ist ‚Nein!'

Wenn solche Menschen nach Plum Village kommen, erkenne ich sie sofort. Ich erkenne sie als Entwurzelte, als ‚herumirrende' oder ‚hungrige Seelen'. Jawohl, sie sind hungrig. Sie sind hungrig nach etwas, dem sie vertrauen können – nach etwas Gutem, Schönem und Wahrem. Sie brauchen etwas, dem sie ihr Vertrauen schenken können.

Wahre Liebe braucht Geduld. Wir müssen Geduld haben, wenn wir den Wunsch verspüren, solchen Menschen zu helfen – Menschen, die alles, was zu ihrer gesellschaftlichen, kulturellen und spirituellen Tradition gehört, hinter sich lassen wollen. Ich tendiere dazu, ihnen klarzumachen, dass ein Mensch ohne Wurzeln nicht glücklich sein kann. Er muss zurückfinden zu seiner Familie, seiner Kultur, seiner Kirche. Doch gerade dazu sind diese Menschen oft nicht bereit und werden ärgerlich, wenn ich ihnen diesen Rat gebe.

Ein Baum ohne Wurzeln kann nicht überleben. Ein Mensch ohne Wurzeln kann gleichfalls nicht überleben. Ich muss also sehr geduldig sein. Kommt ein solcher Mensch zu mir, so sage ich: „Sei willkommen! Praktiziere Sitzmeditation! Praktiziere Gehmeditation! Du hast das Recht, den Buddha zu lieben, und nichts spricht dagegen, dass du auch die vietnamesische Kultur liebst." Und wir bieten ihm oder ihr die Sangha, unsere Gemeinschaft, als Familie an. Wir tun unser Bestes, um diesen Menschen mit unserer Achtsamkeit zu umarmen, so wie die feuchte Erde den Steckling eines Pflänzchens umhüllt, und geben ihm so eine Chance, ein paar zarte Wurzeln zu entwickeln. Ganz langsam gewinnen diese Menschen dann ein wenig von ihrer Zuversicht, ihrem Vertrauen und ihrer Fähigkeit, Liebe zu akzeptieren, zurück.

Um einer hungrigen Seele helfen zu können, musst du zunächst ihr Vertrauen gewinnen. Hungrige Seelen sind nämlich misstrauisch gegenüber allem und jedem. Sie haben in ihrem Leben nichts wirklich Schönes, Gutes und Wahres kennen gelernt. Sie misstrauen dir und dem, was du ihnen anzubieten hast. Sie sind hungrig, aber sie sind nicht in der Lage, Nahrung an- und aufzunehmen, auch wenn es sich um die richtige Nahrung handelt, auch wenn du ihnen etwas Schönes, Wahres und Gutes anzubieten hast.

In Asien gibt es die Tradition, den herumirrenden hungrigen Seelen am Nachmittag des Vollmondtages im siebten lunaren Monat Essen und Trinken zu reichen. Herumirrende Seelen haben kein Zuhause, zu dem sie zurückkehren könnten. In meiner Heimat gibt es in jedem Haus einen Schrein für unsere Vorfahren. Das ist ihr Zuhause, in das sie zurückkehren können. Hungrige Geister *(pretas)* haben ein solches Zuhause nicht. Also bieten wir ihnen vor unserem Haus etwas zu essen und zu trinken an. Hungrige Geister werden im ‚Rad der Bedingten Entstehung' als Wesen mit einem ungeheuer dicken Bauch dargestellt – er ist so dick wie eine Trommel –, aber mit Kehlen so dünn wie eine Nadel. Sie können also nur sehr begrenzt Nahrung oder Hilfe aufnehmen. Sie bleiben misstrauisch, auch wenn wir ihnen wirkliches Verstehen und wahre Liebe anbieten. Aus dem Grund müssen wir Geduld haben. Wir müssen zu Anfang der Zeremonie, in der wir den hungrigen Geistern Nahrung und Hilfe anbieten, Texte aus der Buddhalehre rezitieren, damit diese Wesen vom Mitgefühl und Verstehen der Buddhas und Bodhisattvas berührt werden können und eine Chance haben, ins Reine Land hineingeboren zu werden.

Unsere heutige Gesellschaft ist von einer Art, dass täglich Tausende von hungrigen Geistern geboren werden. Meistens sind es junge Leute, die haltlos herumirren. Schaut euch an, wie hungrig und wurzellos sie sind und wie sie leiden. Wir müssen in unserem täglichen Leben sehr achtsam sein und zusehen, dass nicht noch mehr dieser armseligen Kreaturen geboren werden. Wir müssen unsere Rolle als Eltern, Lehrer, Freunde und Priester mit Verstehen und Mitgefühl ausfüllen. Wir müssen den hungrigen Geistern helfen, weniger hungrig zu sein. Wir müssen ihnen den Weg weisen, damit sie wieder zurückfinden zu ihrer Familie und Tradition und sich in ihnen wieder integrieren.

Wenn die Zeit gekommen ist und sie es geschafft haben, zu lächeln und zu vergeben, dann sagen wir: „Kehre zurück zu deiner eigenen Kultur, kehre zurück zu deiner eigenen Familie, kehre zurück zu deiner eigenen Kirche. Sie brauchen dich. Sie brauchen dich, damit du ihnen hilfst, sich zu erneuern, so dass die jungen Leute sich nicht länger von ihnen abwenden. Tu das nicht nur für deine eigene Generation, sondern auch für die kommenden Generationen."

WAS MICH MIT FREUDE ERFÜLLT UND WAS MICH UNGLÜCKLICH MACHT

Ich möchte ein wenig über mein Glück sprechen. Ich bin glücklich, sobald ich mit den schönen Dingen des Lebens – in mir und außerhalb meiner Person – in Berührung komme. Manchmal bin ich tief bewegt angesichts eines herrlichen Baumes, des klaren Himmels; manchmal verspüre ich eine tiefe Rührung, wenn ich den majestätischen Fluss betrachte, den Sonnenaufgang, den Sonnenuntergang, die Hirsche, die Eichhörnchen, die Kinder. Ich fühle mich beseelt, wenn ich die Schönheit um mich herum wahrnehme, wenn ich sehe, wie Menschen einander lieben, vergeben und füreinander sorgen. Es erfüllt mich mit Freude, wenn ich sehe, dass Menschen auch Tieren ihren Schutz gewähren, sich um die Bäume kümmern, um das Wasser, die Luft und die Mineralien. Ich bin beglückt, wenn ich sehe, dass wir Menschen zur Liebe fähig sind.

Das bedeutet nicht, dass ich nicht auch leiden würde. Ich möchte euch erzählen, was mich unglücklich macht. Ich leide unendlich, wenn ich sehe, dass wir einander essen müssen, um am Leben zu bleiben. Tiere müssen einander fressen, wenn sie nicht verhungern wollen. Das kannst du in der Natur selbst beobachten oder in Naturfilmen, in denen du bestimmt schon gesehen hast, wie eine Löwin andere Tiere reißt, um sich und ihre Jungen am Leben zu erhalten. Du weißt, dass große Fische kleine Fische fressen und Vögel Insekten und anderes Getier. Das ist eine Tatsache, die einem das Herz brechen kann.

Im Winter gehen Jäger auf die Jagd. In längst vergangenen Zeiten mussten die Menschen jagen, um essen und überleben zu können. Heute aber, glaube ich, leiden wir nicht mehr in dem Maße Hunger, dass wir das tun müssten. Es ist nicht mehr nötig, in die Wälder zu gehen und zu jagen. Und dennoch terrorisieren jeden Sonntag unzählige Jäger die hilflosen Tiere in ihrer Umgebung.

Es gibt zwar Liebe unter den Menschen, aber auch Gewalt, Unwissenheit und Gier. Viele von uns sind dafür verantwortlich, dass andere Wesen leiden müssen. Wir führen überall ein bisschen Krieg. Unsere Konsumgier ist gewaltig; das führt dazu, dass wir einander Leid zufügen. Es ist ein Glück, dass viele von uns Vegetarier sind. Mir ist sehr wohl bewusst, dass auch Pflanzen Lebewesen sind. Auch sie leiden, wenn wir sie essen. Aber ihr Leiden steht in keinem Verhältnis zu dem Leiden, dem andere Lebewesen ausgesetzt sind. Es ist längst nicht so intensiv.

Am vergangenen Sonntag nahm ich zusammen mit den Mönchen und Nonnen und anderen Anwesenden ein formelles Mahl im Upper Hamlet ein. Ich aß voller Achtsamkeit und schaute tief in den Reis, die Bohnen und den Tofu, während ich sie kaute. Ich erkannte vielerlei in meinem Essen: die Erde, den Schlamm, die Mineralien, den Kompost. Ich sah die verrotteten Knochen von anderen kleinen Lebewesen. Damit der Reis und das Gemüse wachsen können, sind diese Elemente nötig. Während ich also den Reis, die Bohnen, den Tofu und die Tomaten aß, erkannte ich alle die Elemente, die zusammengekommen waren, um meine Speise entstehen zu lassen. Ich erkannte sie sehr genau, und dennoch schmeckte das Essen gut.

Um mich herum saßen die Brüder und Schwestern unserer Sangha. Mir wurde bewusst, wie wunderbar es ist, das Essen zusammen mit einer praktizierenden Gemeinschaft einnehmen zu können. Wir müssen in einer Weise essen, dass Liebe, Frieden und Stabilität möglich werden, dass wir anderen eine Stütze sein können. Wir müssen in einer Weise essen, dass Mitgefühl in unseren Herzen genährt wird. Liebe und Mitgefühl werden geboren, während wir achtsam gehen, achtsam sitzen und achtsam essen.

Ich möchte nun die Glocke zum Erklingen einladen. Wir werden eine Minute lang still sitzen und achtsam atmen, bevor ich mit meinen Ausführungen fortfahre. Sitzt also aufrecht und lasst den Klang der Glocke in euch eindringen. Macht es möglich, dass die Energie des Friedens in jedem von uns geboren werden kann.

Höre, höre, der Klang der Glocke
führt mich zurück zu meinem wahren Zuhause.

ZURÜCKFINDEN ZUR FAMILIE

In der christlichen Tradition ist Weihnachten ein Familienfest. Es entspricht in etwa dem Geist unseres vietnamesischen Neujahrfestes. Auch bei uns kommt an diesem Tag die Familie zusammen, um das neue Jahr gemeinsam zu beginnen.

Unser Zusammensein gibt uns die Gelegenheit, unsere Wurzeln tief zu berühren. Wir sollten diese Gelegenheit auch wirklich nutzen und für die anderen tatsächlich präsent sein und uns miteinander aussöhnen. So können wir am besten mit unseren Vorfahren in Berührung kommen. Ein wurzelloser Mensch kann nicht glücklich sein. Weihnachten bietet uns die Gelegenheit, uns hinzusetzen, tief zu schauen und uns unserer Wurzeln bewusst zu werden. Wurzeln wir fest in unseren Vorfahren und unserer eigenen Kultur, so erfahren wir mehr innere Stabilität und Frieden und Freude.

Ihr müsst wieder eine Familie sein. Ihr müsst wieder eure Wurzeln berühren, und das gelingt euch leichter, wenn alle Familienmitglieder zusammen sind. Das ist eines der Weihnachtswunder – dass alle den Wunsch verspüren, an diesem Tag zur eigenen Familie zurückzukehren. Ich hoffe, dass ihr in Zukunft Weihnachten immer wieder zusammen mit eurer Familie verbringt.

UNSERE SPIRITUELLEN VORFAHREN UMARMEN

Wir haben Vorfahren, mit denen wir als Blutsverwandte verbunden sind; wir haben aber auch spirituelle Vorfahren. Wenn du im Westen geboren wurdest, ist die Wahrscheinlichkeit groß, dass du ein spirituelles Kind von Jesus bist. Jesus ist einer der spirituellen Vorfahren der meisten Menschen in Europa. Vielleicht hältst du dich selbst nicht für einen Christen, aber das bedeutet nicht, dass Jesus nicht einer deiner spirituellen Vorfahren sein könnte, denn dein Urgroßvater war möglicherweise ein guter Christ. Von ihm sind der Samen der Liebe, der Samen der Energie und die Einsicht Jesu Christi an dich weitergegeben worden, und wenn du erfolgreich praktizierst, wird diese Energie sich auch in dir manifestieren können.

Es gibt Menschen, die glauben, sie hätten mit dem Christentum nichts zu tun. Sie verspüren ihm gegenüber die größte Abneigung und wenden sich völlig von ihm ab. In ihrem Körper und Geist aber können Jesu Energie, Einsicht und Liebe sehr präsent und sehr real sein. Es ist so wie mit dem Klang einer Glocke. Wenn du eine Kirchenglocke oder eine buddhistische Tempelglocke hörst, berührt dich das zunächst möglicherweise gar nicht. Du glaubst vielleicht, ihr Klang habe nicht viel mit dir zu tun. Eines Tages aber mag das ganz anders sein.

Für Buddhisten ist der Buddha einer ihrer spirituellen Vorfahren. Du kannst den Buddha als einen Erleuchteten bezeichnen, als einen großen Bodhisattva, als einen Lehrer, als den Begründer des Buddhismus. Du kannst ihn deinen spirituellen Vorfahren nennen. Für mich ist er ganz real. Ich kann jederzeit mit ihm in Berührung kommen. Ich kann jederzeit von seiner Energie und Einsicht profitieren. Er ist ganz und gar wirklich. Er ist in jeder Zelle meines Körpers lebendig. Wenn ich ihn brauche, weiß ich, wie ich ihm nahe kommen und seine Energie in mir manifest werden lassen kann.

Genauso verhalte ich mich hinsichtlich meines Vaters. Ich weiß, dass mein Vater in mir lebendig ist – in jeder Zelle meines Körpers. Ich weiß, wie ich ihm nahe kommen kann, wenn ich ihn brauche. Viele gesunde Zellen meines Vaters leben in mir weiter. Er wurde über neunzig Jahre alt. Wann immer ich ihn brauche, kann ich ihn um Hilfe anrufen. Aus jeder Zelle meines Körpers überträgt sich seine Energie auf mich.

Ich lebe in ständiger Verbindung mit meinen Vorfahren, seien sie nun Blutsverwandte oder spirituelle Vorfahren. Als Buddhist hast du den Buddha als einen Vorfahren. Seine Energie, Einsicht und Liebe sind durch deinen Lehrer oder deine Lehrerin, durch viele Generationen von Lehrern an dich weitergegeben worden. Du weißt, wie du den Buddha in deinem Körper und deinem Geist berühren kannst; du weißt, wie du seine Energie manifest werden lassen kannst. Du bist der Energie des Buddha dringend bedürftig.

DIE NEGATIVEN ENERGIEN BERÜHREN

Manchmal überwältigen uns die Energien von Hass, Zorn und Verzweiflung, und wir vergessen, dass es in uns auch andere, heilsame Energien gibt, die sich manifestieren können. Wenn wir wissen, wie wir vorzugehen haben, gelingt es uns, diese negativen Energien zum Verschwinden zu bringen, indem wir positive Energien – Einsicht, Liebe und Hoffnung – entwickeln, die die negativen Energien umarmen. Unsere Vorfahren wussten die unheilsamen Energien – die Christen nennen es den bösen Geist – zu beseitigen, indem sie dem Heiligen Geist wieder Raum in sich verschafften, damit er sie heile und gesund, froh und lebendig werden ließe.

Von negativen und positiven Energien ist auch im Buddhismus die Rede. Dennoch gibt es, was den Umgang mit ihnen betrifft, einen gewissen Unterschied zum Christentum. Die buddhistische Lehre legt uns nicht nahe, den bösen Geist zu verjagen, sondern rät uns, die unheilsamen Energien – Zorn, Verzweiflung, Hass und so weiter –

achtsam zu umarmen. Tun wir das, so verwandeln sie sich in positive Energie; sie brauchen nicht weggejagt zu werden.

Was ist zu tun, um den bösen Geist zu umarmen und zu transformieren? Du musst die Energien der Liebe, des Verstehens und des Friedens in dir aktivieren und ihnen helfen, sich zu manifestieren, damit sie die negativen Energien umarmen können. Dem Klang der Glocke lauschen zum Beispiel ist eine wunderbare Möglichkeit, die Energie des Friedens und die Energie der Achtsamkeit zu erzeugen. Diese Energien helfen uns, uns in der rechten Weise um die negativen Energien zu kümmern. Wenn du ärgerlich bist, kannst du beispielsweise folgende Gatha leise vor dich hin sagen:

Ich atme ein und weiß, dass die Energie des Ärgers in mir ist.
Ich atme aus und umarme meinen Ärger.

Das ist eine wunderbare Übung. Du atmest einfach ein und aus und machst dir bewusst, dass Ärger in dir ist. Du weißt, dass es nicht gut ist, etwas zu sagen oder überhaupt zu reagieren, wenn du ärgerlich bist. „Ich atme ein, ich atme aus, ich erkenne, dass Ärger in mir ist" – das allein machst du dir klar. Wenn du so vorgehst, wird die Energie des Ärgers weder für dich noch für die Menschen in deiner Umgebung von Schaden sein. Indem du nämlich achtsames Ein- und Ausatmen praktizierst, wird die Energie der Achtsamkeit in dir lebendig, und die lässt dich deinen Ärger als existent erkennen und ihn umarmen. Du befindest dich in einer sicheren Position. Du brauchst den Ärger nicht zu verjagen, du brauchst dich ihm nur bewusst zuzuwenden, ihm gestatten, da zu sein, und ihn liebevoll zu umarmen. Du wirst sehen: Langsam transformiert sich dein Ärger. Er lässt allmählich nach und legt sich schließlich. Die Gefahr ist überwunden. Dieses Vorgehen versetzt dich in die Lage, deinen Ärger mit einem Lächeln zu akzeptieren.

Während du ein- und ausatmest, deinen Ärger wahrnimmst und ihn dir lächelnd eingestehst, ist die Energie des Buddha in dir lebendig. Der Buddha ist in dir, der Buddha als ein Vorfahre, der dich schützt. Du weißt, dass der Buddha keine Idee ist. Der Buddha ist wirkliche Energie. Sie äußert sich als Energie der Achtsamkeit, als Energie des Friedens, der Sammlung und der Weisheit.

Auch als Christ solltest du in ähnlicher Weise vorgehen. Auch du musst dir bewusst machen, dass böser Geist in dir ist – der Geist von Verzweiflung, Zorn, Gewalt und Hass. Bitte Jesus, sich in dir zu manifestieren, damit du das Negative in dir erkennen und es umarmen kannst. Du bringst dich in eine sichere Position, wenn du betest, kontemplierst und die Bibel liest. Das macht es dir möglich, die negative Energie in dir, die Energie, die du den bösen Geist nennst, zu zügeln, zu kontrollieren und zu transformieren. Was du nötig hast, ist die Energie des Heiligen Geistes, damit du dich der negativen Energie in dir annehmen und sie umarmen kannst. Wir, die wir Achtsamkeit praktizieren, glauben, dass der Heilige Geist das Äquivalent zur Energie der Achtsamkeit, d. h. zur Energie des Buddha, ist.

Der Heilige Geist ist die Energie, die fähig ist, präsent zu sein, zu verstehen, zu akzeptieren, zu lieben und zu heilen. Gestehst du dem Heiligen Geist diese Kräfte zu, dann musst du einräumen, dass er der Energie der Achtsamkeit gleichkommt. Wo Achtsamkeit ist, ist wirkliche Präsenz. Wo Achtsamkeit ist, ist die Fähigkeit, zu verstehen, zu akzeptieren, zu lieben und Mitgefühl zu entwickeln. Der Buddha als dein spiritueller Vorfahr manifestiert sich in dir. In dem Augenblick, da du es dem Heiligen Geist gestattest, in dir zu sein, dich zu leiten und sein Licht wie eine Lampe über dir auszubreiten, ist Jesus in dir lebendig.

Es ist möglich, dem Buddha sein Vertrauen zu schenken, gleichzeitig aber auch Jesus als spirituellen Lehrer zu akzeptieren. Viele Menschen wurzeln sowohl in der buddhistischen als auch in der christlichen Tradition. In meiner Klause habe ich nicht nur viele Buddha-Statuen auf meinen Schrein gestellt – zehn oder fünfzehn nur etwa einen Zentimeter hohe Buddhas, aber auch größere –, sondern auch eine Statue von Jesus als einen meiner spirituellen Vorfahren.

Während des Vietnam-Krieges tat ich alles, was in meinen Kräften stand, um das Töten zu beenden. In Europa und Nordamerika traf ich dann viele Christen, in denen sich der Geist der Liebe, des Verstehens und des Friedens verkörperte, die den Geist Jesu Christi tatsächlich zum Ausdruck brachten. Diesen Menschen verdanke ich es, dass ich mit Jesus als einem spirituellen Lehrer, als einem spirituellen Vorfahren in tiefe Berührung kam.

ZWEI BRÜDER BEGEGNEN EINANDER

In Schweden lebt ein Filmemacher, der mich besuchen und mir die Frage stellen wollte: „Was, glaubst du, würden Jesus und der Buddha sich zu sagen haben, wenn sie sich heute begegnen würden?" Hier ist meine Antwort:

Tatsache ist, dass Jesus und der Buddha sich nicht nur heute begegnen; nein, sie sind sich auch gestern begegnet, und sie werden das auch morgen tun. Sie sind immer in mir, und sie kommen sehr friedlich und konfliktfrei miteinander aus. Sie sind wirkliche Brüder, sie sind wirkliche Schwestern. Das ist ein Teil der Antwort.

Ein Christ ist ein Kind Jesu; Jesus ist sein Vater, Jesus ist sein Vorfahre. Insofern als wir die Nachkommen unserer Vorfahren sind, sind wir deren Fortsetzung. Ein Christ oder eine Christin ist also eine Fortsetzung von Jesus Christus. Er bzw. sie *ist* Jesus Christus. Ein Buddhist oder eine Buddhistin ist ein Kind des Buddha, er oder sie ist eine Fortsetzung des Buddha. Er bzw. sie *ist* der Buddha. Als Kind deiner Mutter und deines Vaters bist du deren Fortsetzung. Du *bist* deine Mutter, du *bist* dein Vater, ob du das nun magst oder nicht.

Der Buddha und Jesus begegnen einander, wenn ein Buddhist und eine Christin zusammenkommen. Das geschieht Tag für Tag – in Europa, in Amerika, in Asien. Überall treffen sich der Buddha und Christus. Was haben sie einander zu sagen? Stell dir vor, Jesus wäre vor dreihundert Jahren in Vietnam mit dem Buddha zusammengekommen. Glaubst du, der Buddha hätte gesagt: „Wer bist du? Warum bist du hier? Die Vietnamesen haben ihre eigene spirituelle Tradition. Möchtest du, dass sie dieser den Rücken kehren und sich einem anderen Glauben zuwenden?“ Und hältst du es für wahrscheinlich, dass Jesus geantwortet hätte: „Ihr Vietnamesen, ihr seid doch auf einem falschen spirituellen Weg. Sagt euch von ihm los und folgt dem spirituellen Pfad, den ich euch anzubieten habe. Er ist der einzige Weg, der zur Erlösung führt.“

Als Historiker oder als Geschichtswissenschaftler wüsstest du, was der Buddha vor dreihundert Jahren zu Jesus und was Jesus zum Buddha gesagt hätte. Stell dir vor, die gleiche Begegnung fände heute in Europa und Amerika statt. Aber das brauchst du dir gar nicht vorzustellen: Der Buddha kommt jeden Tag nach Europa und Amerika. Der Buddha sagt zu Jesus: „Ich bin ein Neuling hier in diesem Land. Meinst du, ich sollte bleiben? Oder ist es besser, nach Asien zurückzugehen?“

Es gibt unendlich viele Flüchtlinge aus asiatischen Ländern in Europa und Amerika – aus Indochina, aus Thailand, aus Burma, aus Tibet. Sie haben ihre religiösen Überzeugungen mitgebracht. Haben sie das Recht, auch in ihrer neuen Heimat ihrem Glauben entsprechend zu leben? Haben sie das Recht, Nicht-Buddhisten in ihre religiösen Überzeugungen einzuweihen und sie an ihren Praktiken teilhaben zu lassen? Könnt ihr euch vorstellen, dass Jesus geantwortet hätte: „Nein, in Europa haben wir schon das Christentum. Ihr maßt euch zu viel an, wenn ihr versucht, hier einen neuen Glauben zu propagieren?“

Ich hielt einmal in Nordfrankreich, in Lille, einen Vortrag, in dem ich erklärte, ich könne mir vorstellen, wie Jesus und der Buddha, miteinander Tee trinkend, zusammensäßen und wie der Buddha Jesus fragte: „Mein lieber Bruder, ist es in unserer Zeit wohl zu schwierig, den Menschen in spiritueller Hinsicht wegweisend zur Seite zu stehen? Ist es heutzutage schwieriger als in früheren Zeiten, freimütig und furchtlos zu sein und in den Menschen Verstehen und Liebe zu wecken?" Das hätte eine vom Buddha an Jesus gerichtete Frage sein können. Als Nächstes hätte er fragen können: „Was, mein Bruder, kann ich tun, um dir zu helfen?"

Jesus war ein in höchstem Maße freimütiger und furchtloser Mensch. Er war ein Lehrer, dem die Kraft der Liebe, des Heilens und Vergebens innewohnte. Mit seinen Fragen ging es dem Buddha um Klärung des Problems, was zu tun sei, um den Menschen zu helfen, und wie das, was in unserer Zeit erloschen und verloren zu sein scheint, wieder herzustellen und zum Leben zu erwecken sei: nämlich Vertrauen, Mut und Liebe.

In uns allen, ganz gleich, mit welcher Kirche wir uns verbunden fühlen, ist Jesus lebendig – wenn wir uns nur darum bemühen, die Menschen dahin zu bringen, so zu leben und zu praktizieren, dass sie einander wieder lieben, verstehen und akzeptieren können. Es spielt keine Rolle, ob wir Angehörige der orthodoxen, katholischen, protestantischen oder anglikanischen Kirche sind, wichtig ist allein, dass wir uns um eine Lösung des Problems kümmern, wie die christliche Botschaft heutzutage zu vermitteln, zu empfangen und zu verstehen ist. Tun wir das, so ist Jesus in uns lebendig. Die Frage, die der Buddha an Jesus richtete, suchte nach einer ganz praktischen Antwort.

Unsere heutige Zeit ist grundverschieden von der Zeit vor zweitausendfünfhundert Jahren, als der Buddha in Indien lehrte. Wir müssen uns heute die Frage stellen: Was ist zu tun, um den Buddhismus als spirituelle Tradition zu erneuern? Wie kann ein Buddhist den wahren Geist des Dharma zum Ausdruck bringen? Wie müssen wir vorgehen, um die wahre Energie von Liebe, Mitgefühl und Verstehen zu erzeugen? Viele Buddhisten sind heutzutage ein wenig vom rechten Praktizieren abgekommen, insofern als sie dem Analysieren und Reden über die Lehre, dem Organisieren und Ausprobieren aller möglichen scheinbaren Heilswege zu viel Bedeutung beimessen. Sie haben das Wesentliche des Dharma aus den Augen verloren. Sie lehren und praktizieren in einer Weise, die unserer Zeit nicht angemessen ist, und können folglich neuen Generationen die wahre Lehre nicht vermitteln.

Die Frage, die der Buddha an Jesus richtet, ist eine Frage, die er sich selbst stellt. Der Buddha und Jesus sind zwei Brüder, die einander helfen müssen. Sowohl der Buddhismus als auch das Christentum haben Hilfe nötig – nicht um des Buddhismus oder des Christentums willen, sondern um der Menschheit, um der anderen Spezies auf der Erde willen. Wir leben in einer Zeit, in der der Individualismus Vorrang hat vor den Bedürfnissen der Gemeinschaft. Wir leben in einer Zeit, in der Gewalt herrscht, in der die Unwissenheit erdrückend ist. Die Menschen sind nicht länger fähig, einander zu verstehen und miteinander zu kommunizieren. Wir leben in einer Zeit, da überall Zerstörung ist und viele Menschen am Rand der Verzweiflung stehen. Das ist der Grund, weswegen dem Buddha geholfen werden sollte. Das ist der Grund, weswegen Jesus geholfen werden sollte.

Anstatt einander zu diskriminieren, sollten der Buddha und Jesus jeden Tag zusammenkommen, jeden Morgen, jeden Nachmittag, jeden Abend, damit sie einander brüderlich zur Seite stehen können. Ihre Begegnung ist die Hoffnung der Welt.

Wir müssen dem Buddha und Jesus die Gelegenheit geben, sich in jedem Augenblick in uns zu treffen. Denn wir alle haben es nötig, in unserem täglichen Leben den Geist des Buddha und den Geist Jesu zu berühren; sie müssen in uns manifest werden. Für uns alle sind ihre Energien so entscheidend, damit wir unsere Angst, unsere Verzweiflung und unseren Kummer umarmen und überwinden können.

Sowohl Jesus als auch der Buddha erklären, dass es möglich ist, unseren Frieden und unsere Hoffnung wiederzufinden. Unser innerer Friede, unsere geistige Stabilität, unsere Hoffnung kommt denen zugute, die wir lieben, und überhaupt all unseren Mitmenschen. Jeder Schritt, den wir in Richtung Frieden tun, jedes Lächeln und jeder liebevolle Blick hilft dem anderen und bringt ihn dazu, vertrauensvoll in die Zukunft zu blicken.

Darum sollte der Buddha Jesus helfen, sich vollkommen zu erneuern, und umgekehrt sollte auch Jesus dem Buddha helfen, neue Kraft zu gewinnen. Jesus und der Buddha sind keine bloßen Ideen; sie sind in uns und in unserer Umgebung lebendig. Wir können täglich mit ihnen in Berührung kommen.

EINE VERMÄHLUNG

In vielen Ländern, wie zum Beispiel in Vietnam, China, Korea und Thailand, ist es für junge Menschen unterschiedlicher Religionszugehörigkeit schwierig, einander zu heiraten. Ein buddhistischer junger Mann, der eine Katholikin zur Frau nehmen möchte, wird große Schwierigkeiten haben, denn beide Familien werden alles tun, um die Heirat zu verhindern. Diese Tragödie dauert schon seit Hunderten von Jahren an. Vielleicht müssen noch weitere hundert Jahre vergehen, bis das Problem gelöst ist und Menschen, die sich unterschiedlichen spirituellen Traditionen verbunden fühlen, nicht mehr leiden müssen, wenn sie einander heiraten wollen. Gewiss wäre es ratsam, wenn der junge Mann, der mit einem Mädchen anderer Glaubensrichtung die Ehe schließen möchte, versprechen würde, sich mit den Inhalten ihrer Religion auseinander zu setzen und sie mit in sein Leben einzubeziehen, und umgekehrt müsste auch die junge Frau bereit sein, den spirituellen Hintergrund ihres Partners kennen zu lernen und ihm entsprechend zu leben. In dem Fall hätte jeder der beiden Partner zwei Wurzeln statt einer, was nur eine Bereicherung bedeuten kann. Sind Kinder da, so sollten die Eltern sie so erziehen, dass sie empfänglich werden für die Werte beider Traditionen. Sie sollten sowohl Jesus als auch dem Buddha in ihrem Leben Raum geben. Warum nicht?

Ein solches Verhalten wird eine neue Zeit einleiten, in der die Menschen toleranter miteinander umgehen und die Schönheit und den Wert anderer spiritueller Traditionen erkennen. Es ist wie mit dem Essen. Wenn du die französische Küche magst, so bedeutet das nicht, dass du nicht auch die chinesische Küche lieben dürftest. Selbst wenn es noch fünfhundert Jahre dauerte, bis in dieser Hinsicht eine Verständigung erzielt würde und die unterschiedlichen spirituellen Traditionen einträchtig miteinander lebten und einander befruchteten – der Einsatz dafür lohnt sich allemal. Würde dieses Ziel erreicht, so brauchte die jüngere Generation nicht mehr so zu leiden, wie die Menschen meiner eigenen und vergangener Generationen es getan haben. Du magst Äpfel; das ist in Ordnung. Dir steht es zu, Äpfel zu mögen. Niemand aber hindert dich daran, auch an Mangos Geschmack zu finden.

ANSCHRIFTEN

Spirituelles Zentrum von Thich Nhât Hanh
Plum Village
New Hamlet
13 Martineau
F-33580 Dieulivol
Tel.: 00 33 5 56 61 66 88
Fax: 00 33 5 56 61 61 51
E-Mail: NH-office@plumvillage.org

Nähere Informationen für Deutschland
Gemeinschaft für achtsames Leben, Bayern e.V.
Dr. Thomas Barth
Abt Häfele Str. 21
85560 Ebersberg
Tel.: 0 80 92–85 19 940
Fax: 0 80 92–85 19 941
E-Mail: info@gal-bayern.de

Nähere Informationen und
Seminarangebote für die Schweiz
Meditationszentrum Haus Tao
Marcel Geisser
CH-9427 Wolfhalden
Tel.: 00 41 7 18 88 41 83
E-Mail: tao@haustao.ch

Seminarangebot für Deutschland
InterSein Zentrum für Leben in Achtsamkeit
– Haus Maitreya –
Unterkasthof 50
94545 Hohenau
Tel.: 0 85 58–92 02 52
Fax: 0 85 58–92 04 34
E-Mail: post@intersein-zentrum.de